トラップ

排水システムの歴史と役割

坂上恭助

彰国社

Drainage Trap
History and Roll
by Kyosuke Sakaue
2020 SHOKOKUSHA Publishing Co.,Ltd.

Editor
Tomoko Terauchi (studio t2)

Cover Design, Art Direction, DTP operation
(ya)magic studio

まえがき

40年以上も前の1976(昭和51)年,「ゲーム ホント
にホント?」と題するNHK金曜日夜の人気クイズ番組が
あった。ブルー, レッド, イエロー, グリーンの4人のパネラー「ホ
ントさん」がそれぞれの説を述べ, 4組の解答者がホントの説を当て
るゲームである。25題目に「洗面台の下をのぞいてください。使った水を
流し出す排水管は必ずS字形に曲げられています。さて, これはいったい何
のためでしょう?」という問題があった。ブルーさんは「外からの侵入を防いで
いる」, レッドさんは「落とし物を流さないため」, イエローさんは「パイプの位置
がずれるのを直すため」, グリーンさんは「あれはサイホンです」と説いた。正解で
ある「ホント」はブルーさんの説だった。正解の解説として「曲げられた排水管の中に
は, 常に水が残っていて, パイプをふさいだかたちになっています。このため虫やねず
み, また悪臭などの侵入が防げます。このような外部からの侵入を, 残った水を利用し
て防ぐ装置をトラップといいます。問題のS字をしたトラップをパイプ・トラップと
いいますが, ほかに多量に水を流す場合にはドラム・トラップや, 床面の排水口につけ
るベル・トラップなどがあります。パイプ・トラップの場合, たまっている水の深さは
5cmから10cmの間と, 建築基準法施行令で決められています。」と述べていた。博士
課程1年目のころで, トラップの破封防止に関する研究に取り組んでいたので, よ
くぞトラップを題材に取り上げてくれたものだと感激した。
　ほとんどの人は, トラップを見たことはあるものの, その役割を知らない。ゆ
えにクイズの題材に取り上げられたのであろう。建物では生活や活動で水
が使われる。水使用する器具等からの排水は, 排水管を経て下水道や浄
化槽に導かれる。水を使わないときは排水管の空気が器具等の排水
口から屋内に侵入する。排水管の空気は下水管や浄化槽とつな
がっており, 有害・悪臭のガス成分が含まれている。排水管
内空気(排水ガスという)が屋内に侵入すると悪臭
が漂い, 屋内空気が汚染される。水使用は衛
生, 利便, 快適な生活・活動に欠
かせないの

　　　　　　　に, 排水
　　　　ガスが侵入すると, たちまち不
　　　衛生で不快な屋内環境になる。衛生的な水
　　使用を行うには排水ガスの屋内侵入を阻止するこ
　とが絶対条件となる。その役割をトラップが担っているの
である。トラップは建築にとってきわめて重要な装置であり, 排
水ガス遮断機能が正常に働いていることが必須となっている。
　しかし, トラップは設置されていても, 住宅以外の建物のトイレで嫌
な臭いを経験したことがたびたびある。トラップの排水ガス遮断機能は封
水が担っている。器具で水使用があると排水が流れ, 排水はトラップにたまっ
て残留する。その残留排水が封水であり, 水使用ごとに自然に入れ替わる。水封ト
ラップはきわめて単純で故障がほとんどない, すばらしい装置と言える。ところが,
封水が減少して機能しなくなる状態を破封という。建築設備設計で破封防止の対策
は講じられてはいるが, 実は完全ではない。経験したトイレの臭いは床排水トラップ
が破封して排水ガスがトイレ内に侵入した結果に他ならない。このような状況に疑問
をもったのがきっかけで, 半世紀近く破封問題に取り組んできた。まだ満足のいく解
決に至ってはいないが, これまで遂行してきた破封現象, トラップの性能などに関す
る研究成果をまとめることとした。
　研究と並行して, このすばらしいが欠点もあるトラップは, そもそもいつごろどの
ような経緯で登場し, どのように現在に至ったかを調べていた。そして18世紀後半
のアレキサンダー・カミングの水洗便器にたどりついたが, さらに, 水洗便器が
どうして登場し, 変遷したかも知りたくなった。
　　本書では, トラップがなぜ便器に必要になったのかをトイレの変遷から
　　説き起こし, トラップの変遷を踏まえた排水システムの設計基準の成立
　　過程を紹介したうえで, トラップの性能と破封現象を解説し, 今後の
　　　トラップと排水システムのあり方を提案する。

⚜

〈Ⅱ〉
トラップがなぜ登場したか

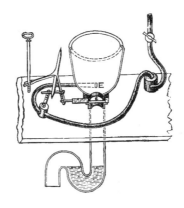

〈Ⅲ〉
水洗便器から排水システムの成立へ

〈 IIII 〉
トラップの変遷と設計基準

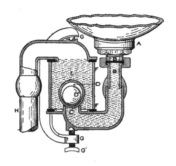

〈IV〉
トラップの泣き所と手当

THE "SILENT HIGHWAY"-MAN.
"Your MONEY or your LIFE!"

〈V〉
トラップと排水システムの今後は

〈Ⅱ〉

トラップがなぜ登場したか

I. 水使用と排泄

日常の水使用

われわれは，飲料はもとより生活の場でさまざまな用途に水を使っている。大正時代以前は，手洗い，洗面，風呂（浴槽浴，洗体，洗髪），炊事（調理・食器洗浄），掃除など，人の直接的な水使用行為に伴って水が使われていた。これらの使用水を「行為水」と呼ぶ。昭和時代になってから電気洗濯機が普及し，下水道・浄化槽の普及に伴って水洗便器が汲み取り便所にとって代わり，食器洗浄機も身近になった。その他にディスポーザも都市圏では普及しつつある。これらの機器の稼働に用いられる使用水を「稼働水」と呼ぶ。洗濯機は手洗い洗濯，食器洗浄機は食器洗いの代替であり，水使用は基本的に変化はない。水洗便器とディスポーザは新たな水使用用途になる。水洗便器の普及率は91%[★1]であるのに対し，ディスポーザの普及率は低く（おそらく10%以下），かつ使用水量も少ない（5L/（人・日））。

日本の全国平均家族人数は2.3人/世帯（2015年）である[★2]。1か月の家庭用水使用量は，東京都では2人世帯が15.9m^3，3人世帯が20.4m^{3}であるので[★3]，平均の2.3人世帯では17.3m^{3}となり，1人1日当たりでは251L/（人・日）となる。家庭用水に都市活動用水を加えた生活用水の全国平均は290L/（人・日）である[★4]。

図1は家庭用水の用途別使用水量の割合である。風呂が40%と最も大きく，次いでトイレが21%を占めている。洗面・炊事・風呂など人が直接に使う行為水は64%，トイレ・洗濯など機器操作で使われる稼働水は36%である。行為水より稼働水のほうが節水はしやすい。とくに便器洗浄水の節水化は著しく，大便洗浄用は1960年代の20L/回から，1970年代に13L/回，1990年

代に 8L/ 回，2000 年代に 6L/ 回と進み★6，現在では最小限界と考えられる約
4L/ 回のものもある。なお，水洗トイレの普及率は 90.7%（2008 年）である★7。
便器洗浄水は，便器から汚物（排泄物・トイレットペーパー）を排出させるた
めだけでなく，排水横管における円滑な汚物搬送の役割がある。汚物搬送性能
には排水横管の管長と曲がり形態が関係し，便器洗浄水は多いほど（排水流量
が大きく排水継続時間が長いほど）汚物搬送性能は優れる。便器洗浄水量は，
排水配管形態，節水化，汚物搬送性能を総合して決定される。いずれにせよ便
器洗浄水は水使用用途として突出しており，そもそも便器にどうして洗浄水が
使われるようになったのかを探ることにする。

　手洗い・洗面等は手洗い器・洗面器，入浴は浴槽，炊事は台所流しで行われ
る。それらを水受け容器という。それには給水栓・洗浄弁・ボールタップ等の
給水器具とトラップ等の排水器具が付帯する。水受け容器・給水器具・排水器
具を総称して衛生器具という。洗濯機・食器洗浄機・ディスポーザは家電製品
に分類される。これらの家電製品と衛生器具をあわせて水使用機器という。水
洗大小便器は水受け容器・給水器具・排水器具が一体となっている特別な衛生
器具である。以下では衛生器具を単に器具という。

図1　用途別家庭用水使用量★5

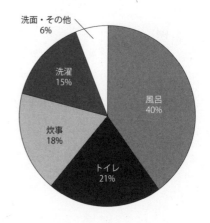

排水には汚雑物が混入する

　建物排水は屋内排水と屋外排水に大別される。屋内排水は水使用に伴う排水で，排泄物を含む排水は汚水，それ以外の排水は雑排水という。その他，特殊な排水処理を施す必要のある排水は特殊排水として区別されている。屋外排水は雨水や雪の降水あるいは湧水であり，水使用とは無関係である。

　表1に示すように，水使用に伴ってさまざまな汚雑物が排水に混入し，排水は汚濁する。

　大便（糞，糞便）と小便（尿）はあわせて大小便，し尿といい，排泄物ともいう。なお，排泄物は一般的には生物から出される物質のうち，不要または有害なものをいう。人の排泄行為ではトイレットペーパーが使われる。排泄物とトイレットペーパーをあわせて汚物と呼んでいる。表1の排泄行為の排水混入物の汚物はそのような意味である。

　汚水は雑排水より汚く思われるが，表2の水質汚濁の指標であるBOD（生物化学的酸素要求量，Biochemical Oxgen Demand）を見ると，汚水より台所排水のほうが大きく，雑排水は汚水の2倍以上になっている。

　水使用に伴う混入雑物は少なく，汚いとは思われないので，とくに気にすることなく水と一緒に側溝などに流すことができる。しかし，排泄物は汚くて臭いので，そもそも排水として流すことはできなかった。住宅のゴミは埋却・焼却・投棄して容易に廃棄できるが，排泄物の廃棄は容易ではない。かつて排泄は野外か便所（屋外・屋端）で行い，排泄物は埋却するか運んで投棄していた。屋内で水を使って廃棄できるようになったのは近世，それも18世紀半ばからであり，一般的になったのは20世紀後半のことである。給水による洗浄水を用いて便器で快適に排泄し，汚物（排泄物，トイレットペーパー）を排水に混入させて自動的に搬送し，下水道に廃棄（放流）することは，他の水使用用途とは異なる。

表1 水使用における排水混入物

水使用行為	水使用機器	排水	排水混入物	排水種類
洗面等	洗面器*	水・温水	雑物・洗剤	雑排水
手洗い	手洗い器*			
入浴(浴槽浴)	浴槽*	温水	雑物	
洗体	シャワー*		雑物・洗剤	
洗髪	シャワー*		毛髪・雑物・洗剤	
	洗面器*	水・温水	毛髪・雑物・洗剤	
調理	台所流し*	水	厨芥・洗剤	
食器洗浄	台所流し*	水・温水	厨芥・油脂・洗剤	
	食器洗浄機**			
厨芥処理	ディスポーザ**		厨芥・油脂	
洗濯	洗濯機**		糸屑・洗剤	
	洗面器*			
排泄	大(小)便器*	水	汚物***	汚水

*衛生器具, **家電製品, ***汚物:排泄物＋トイレットペーパー

表2 生活排水の排水量と汚濁負荷量[8]

排水の種類		排水量[L/(人・日)]	汚濁負荷量[g/(人・日)]		
			BOD	N	P
汚水	便所	50	13	8	0.8
雑排水	台所	30	18	2	0.2
	風呂	60	9		
	洗濯	40			
	洗面	10			
	その他	10			
合計		200	40	10	1.0

排泄の成分と頻度

　生活では必ずゴミが出る。屋内を清潔に保つために，日々，ゴミは屋外に持ち出して捨てるか，穴の中に埋めることになる。また，人からは排泄物が出るし，水使用後の排水には雑物が混入する。排水は排水溝に流して屋外に排出することができるが，排泄物は汚くて臭いのでゴミのように持ち出すことはできない。排泄物はきわめて厄介な廃棄物である。とくに大便にはハエが卵を産みつけてウジが発生する。死体にも産みつけることから，古くから穢れ，汚れとして忌諱され，遠ざけられるか隠されてきた。

　大便[9] について，成分は水が 75% で，残りの固形分のうち有機固形分は 84 〜 93%，その 25 〜 54% が細菌バイオマス，2 〜 25% がタンパク質・窒素物質，25% が炭水化物・未消化植物物質，2 〜 25% が脂肪である。pH は 6.6 である。重量は 51 〜 796g/（人・日）の範囲にあり，低所得国では 250 g/（人・日），高所得国では 126 g/（人・日）である。肉食より草食のほうが重量は大きい。

　小便[9] について，成分は水が 91 〜 96％で，残りは尿素等の有機化合物である。比重は 1.003 〜 1.035 で，pH は平均 6.2（5.5 〜 7.0）である。尿量は平均 1.4L/ 日（0.6 〜 2.6L/ 日），排尿頻度は 6 〜 8 回 / 日である。日本人の尿量は男性が 1.5L/ 日，女性が 1.3L/ 日である[10]。

　ちなみに排尿頻度・間隔は表 3 の体内水収支から算出することができる。排尿量（男性：1.5L，女性：1.3L）を膀胱収縮容量 0.25L で除すと，排尿回数は男性が 6.0 回 / 日，女性が 5.2 回 / 日になる。活動時間を 16 時間（睡眠時間:8 時間）とすると，排尿間隔は男性が 192 分（3 時間強），女性が 229 分（4 時間弱）になる。飲み物を多く摂取すれば排尿回数はさらに多くなり，排尿間隔は短くなる。

　小便は排泄後，細菌の作用により尿素が分解されてアンモニアを発生し，悪臭（アンモニア臭）を放つ。

表3　体内水収支[10]

摂取		排出	
食物	1,200mL	尿	1,400mL
飲料水	1,000mL	糞便	100mL
燃焼水	300mL	不感蒸泄	1,000mL
合計	2,500mL	合計	2,500mL

★1　総務省統計局：日本の住宅・土地（平成20年）

★2　総務省統計局：日本の統計－2019

★3　東京都水道局：平成28年度生活用水実態調査, 2016

★4　国土交通省水管理・国土保全局水資源部：平成28年版－日本の水資源の現況

★5　東京都水道局：平成27年度一般家庭用水水使用目的別実態調査, 2015

★6　豊貞佳奈子, 飯尾昭彦, 清水康利, 坂上恭助：節水便器普及による環境負荷削減効果の定量化研究, 空気調和・衛生工学会論文集, No. 193, 2013.4

★7　総務省統計局：平成30年住宅・土地統計調査

★8　環境省：浄化槽管理者への設置と維持管理に関する指導・助言マニュアル－平成19年

★9　C. Rose, A. Parker, B. Jefferson & E. Cartmell: The Characterization of Feces and Urine, Critical Reviews in Environmental Science and Technology, Vol. 45, Taylor & Francis ©C. Rose, A. Parker, B. Jefferson, E. Cartmell, 2015

★10　吉川春寿：体内の水分と水の機能, 空気調和・衛生工学, VoL.53, No.7, 空気調和・衛生工学会, 1979

2. 水洗便器以前の排泄処理

汚くて臭い便所は屋外に

離れていても悪臭は鼻につき，ハエは目につくので，大便はできるだけ居住域から遠ざけられ，しかも排泄はプライベートな行為であることから，他人の目に触れないように隠ぺいされた小家屋（便所）で行うようになったのは当然なことである。

排泄物の最も簡単な処理は敷地内に穴を掘って埋める方法である。穴の上に小屋を設ければ屋外便所になる。穴がたまってくれば，その穴を埋め，別の場所に新たに穴を掘って便所を設ける。このような掘立便所は古くから世界で用いられ，現在でもアジア諸国の農村などで見ることができる。図1はモンゴルの高原集落の移動式住居（ゲル）から15mほど離れた場所に設けられた掘立便所である。住居の近くに川（湖沼）があれば，そこに捨てることができる。川の上に小屋を設ければ川屋になる。川屋は「厠」の語源と言われている。掘立便所は広い敷地，川屋便所は水辺近くという住居立地条件が整っていなければならない。

人口密度が高い集落や都市ではそのような立地条件は望めないので，敷地に穴を掘って便槽を埋め，その上に小屋を設けて屋外便所とした。いわゆる「厠」である。便槽は土中だけでなく，地上に置く便樽もあった。便槽の排泄物はたまると汲み取りし，遠くに廃棄するか肥料として使用されていた。汲み取るので「取り便所」とも呼ばれていた。屋外便所には，敷地に独立したものと建物の端に設けられる「屋端便所」があった。図2は室町時代創建の東福寺の重要文化財となっている立派な屋外便所である。寺院で便所は東司（とうす）と呼ばれている。図3は江戸時代の屋端便所（長屋の共同便所と商家の厠）で，

図1 掘立便所(モンゴル)

図2 東福寺の東司(室町時代)

図3 江戸時代の厠（江戸深川資料館）

長屋の厠

商家の厠

商家の厠は現代でも見られる汲み取り便所である。

　汲み取り便所は時代とともに改良されてきた。図4は1860年代イギリスの
ノッティンガムのミドゥン式便所（midden closet）である。便槽はセメント
でつくられ，換気塔が設けられていた。日本では大正時代になって汲み取り便

所が改良された。水洗式便所に対して汲み取り便所は「貯便式便所」と呼ばれていた[2]。便槽を複数にして細菌の浄化作用を活用した厚生省式改良便所が開発され，さらに改良された内務省式改良便所（図5）が登場した[2][3]。悪臭は軽減され，いくぶんか衛生的になった。19世紀後半のイギリスとフランスでは，排泄物を灰の入った便桶（ペイル：pail）（図6）にためる桶便所（pail closet，pail privy）（図7）が登場した。便桶に土・石灰が使われたことから桶便所は灰便器（dry ash closet），夜に回収されたことから汚物は夜土（night soil）と呼ばれた。夜土の一部は肥料に使われ，消臭剤として石灰の他に硫酸塩も使用された[5]。便桶の夜土は夜土トラック（night soil van）（図8）で回収して処理するペイルシステム（Pail system）が確立された。

図4　ミドゥン式便所[1]

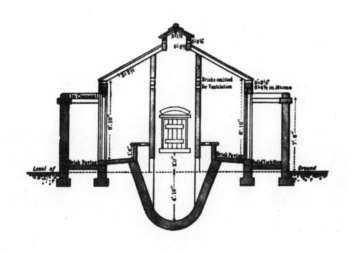

図5　内務省式改良便所[*2]

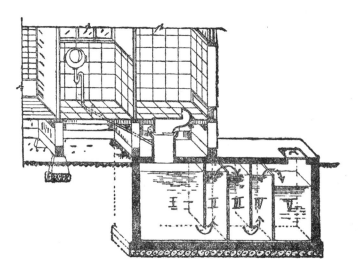

図6　便桶（ペイル）[*4]

図7　便所(マンチェスター)[★4]

図8　夜土トラック[★4]

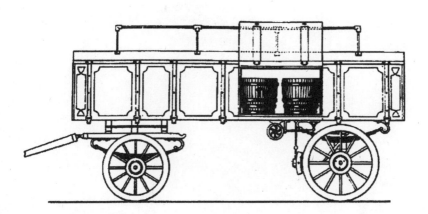

屋内で使えるポータブル便器

　古代より近代に至るまで，住宅・集合住宅では多くの世帯が屋外便所を共用していた。排尿頻度は日に5，6回以上と多い。とくに夜間に屋外便所へ行くことは難儀であり，女性にとっては危険でもあった。そこで，屋内で排尿できるおまる（尿瓶：チャンバー・ポット，chamber pot）が使われていた。中国ではおまるは馬桶という。1990年代末，蘇州の水環境・給排水設備を調査したとき，朝に馬桶を運河で洗い，庭で干している風景をよく見た。現在の中国では排尿は有価物として回収されている。

　中世は暗黒時代といわれるが，欧州の都市は不潔街であった。そもそも屋外便所は少なく，汲み取りが稀で便槽は満杯状態であり，路地に排泄するか，チャンバーポット（図9）の汚物を窓か街路に捨てていた。図10（a）はエジンバラ，（b）はイギリスの汚物投棄の風景で，街路は悪臭が漂っていた。

　屋内便器には容器のチャンバーポットの他に腰掛けられるクローズスツール（close stool, night stool）（図11）があった。その中にはチャンバーポットが入っている。

図9　チャンバーポット（中世, イギリス）★6

図10　汚物投棄

(a)　中世, エジンバラ★7

(b)　中世, イギリス★8

図11　クローズスツール（1650, イギリス）★10

屋内便所を実現する3つの条件

　汚く臭い便所は屋外に設けられ，汚さが多少改善されて屋端に設けられるようになった。湿式便所（便槽）は汲み取りが難儀でハエなどの発生もあった。近代になって英米では乾式便所（pail closet, dry earth closet, 桶便所）が登場したが，依然として汚くて臭く，夜土の運搬処理が必要であった。夜間の排尿は身近でできるのが望ましい。屋内便器のおまるやクローズスツールが用いられたが，やはり汚くて臭く，その廃棄・運搬処理がやっかいであった。居室近くに便所を設けることは人類の夢であったに違いない。

　屋内便所を実現するには3つの条件をクリアしなければならない。第1条件は清浄であること，第2条件は悪臭がないこと，第3条件は汚物が手間をかけずに自動的に処理されるか搬送されることである。汚物は排泄物だけでなく，排泄処理のためのペーパー類を含んでいる。第1条件は清浄性，第2条件は防臭，第3条件は自動汚物処理または自動汚物搬送という機能で表すことができる。

　3つの条件が不要な特殊便所がある。ブルネイの水上集落のカンポンアイル，ミャンマーのインレー湖やカンボジアのトンレサップ湖の水上集落の便所は床に穴の開いた便器があるだけの屋内便所であり，排泄物は直接に湖中に落下する[9]。図12はインレー湖の水上家屋と屋内の穴開き便所である。自動搬送の必要もなく，清浄で悪臭がなく，快適に使われていた[8]。ブラジル・マナウス付近のアマゾン川岸の水上家屋も穴開き便所であった。また，河川上の屋外便所も穴開き便所である。

水路に汚物を流す水流便所

　河川のような水流を屋内に取り込めば屋内便所の3つの条件がクリアできる。屋内に水路を設け，その上に穴開き便器（便座）を設置すればよい。ここではそのような屋内便所を「水流便所」（running water toilet）という。水流

図12　水上家屋と穴開き便所（インレー湖）

図13　古代ローマの水流便所[12]

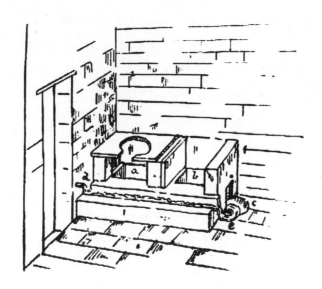

便所は古代エジプトや，ミケーネ文明のクノッソス宮殿など，古代文明のころからあった[11]。図13は古代ローマ（紀元前753〜476年）の腰掛式水流便所である。水流便所はその他の宮殿遺跡にも見られるが，公衆便所はローマ帝国滅亡後に継承されることはなかった。

　古代の水流便所は屋内便所の3つの条件をクリアしたものであるが，すべて水路の水流に依存していた。水路の水流による自動汚物搬送を基本とし，そこに排泄物を落として水没・拡散させ，清浄性と防臭を図る方法であった。

水洗トイレ ── 便器を主体とした給排水システムのはじまり

　ローマ帝国滅亡から千年以上たった 16 世紀, 画期的な便器が発明された。水路の水流を便器に取り入れたものであり, 屋内便所の水洗トイレ (flush toilet) の原型である。エリザベス I 世 (1553 ～ 1603) の宮廷詩人であったハリントン卿(Sir John Harrington)が 1589 ～ 1591 年に自宅に水流便器(flushing lavatory) を設け, それを「アジャックス (Ajax)」と命名した[13]。1592 年に女王が訪れ, アジャックスを試して感激し, 新たに発注した[13][14]。

　アジャックスの全体イメージ, 構成, 構成部品を図 14 に示す。構成図の記号を用いてアジャックスの構造と機能が説明されている[15]。給水管 (c) が上部開放水槽 (A) に接続され, 腰掛式便座 (D) に楕円形スツールポット (H) (長さ 41cm, 深さ 61cm) が設置されている。水槽とポットは 2.5cm のコック付き給水鉛管 (d) が接続されている。ポットの下には仕切弁 (ℓ) が付いて排水筒(m)につながっている。仕切弁を閉じた状態で排泄する。次に給水管のコックを操作してスツールポットに吐水し, ポットに水をためる。その後, 仕切弁を開いて排水を排水筒から排水槽に排出する。フラッシュ水による便器洗浄とバルブ (仕切弁) による汚水 (汚物) 排出の機能を有する便器である。多量の水を使えば清浄に保たれて汚物排出ができ, 悪臭も軽減されると思われる。屋内便所の 3 つの条件のうち, 清浄性はクリアされたが, 排水搬送は排水槽までの自動汚物搬送であり, 悪臭は軽減されたものの, 完全な防臭ではなかった。

　水流便所は水路の水流水による自動汚物搬送が基本であり, 排泄は単に穴の開いた便座でするか, 直接水に流していた。水洗トイレは便器を独立させ, それに給水して水をためて流すシステムであった。水路の水流に依存する水流便所に対し, 便器を主体とした給水・排水の便器システムとしたことは画期的であった。アジャックスはフラッシュ水とバルブを用いた最初の水洗トイレであったことから, ハリントン卿は水洗トイレの先駆者であり, バルブ式水洗便器 (valve closet) の先駆者とされている[15]。エリザベス I 世の称賛にもかか

図14　水洗便所　アジャックス(ハリントン卿, イギリス, 1596)★14

全体イメージ

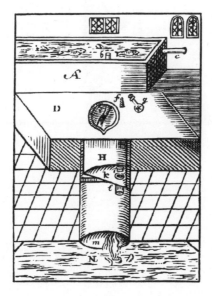

構成

図14（つづき）

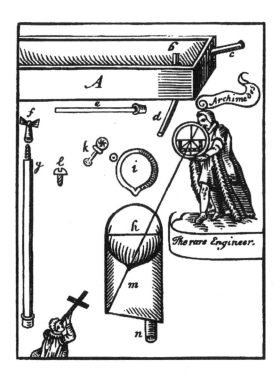

構成部品

わらず，アジャックスは広まることなく，一般市民はチャンバーポットを使い続けた★16。水槽の設置と水槽への給水，排水槽の設置と排水槽からの排水は大掛かりな工事であったに違いない。このことが普及しなかった理由と考えられる。

★1　G. Lister Sutcliffe: The principles and practice of modern house-construction, Blackie & Son, 1899

★2　張菅雄：中流住宅, 逓信協会, 1932

★3　桜井省吾：建築給排水設備便覧, 彰国社, 1948

★4　Reports of the Medical Officer of the Privy Council Local Government Board, New Series, No.2, George E. Eyre and William Spottiswoode, 1874

★5　Cait Etherington: Life in New Yok City before indoor toilets, 6sqft.com, 24 Oct. 2016

★6　ヨークシャー博物館, York Museums Trust Project, イギリス

★7　Sebastian Brant : The Ship of Fools, Basel, 1494

★8　Wu Mingren: Cheerio and Gardi Loo! Words of Warning Prompted by Medieval Human Waste Disposal, Ancient Origins

★9　Hampton Court Palace Collection, Royal Collection Trust, England

★10　日本建築学会：東南・南アジアの水環境・建築・都市の水利用環境と文化, 丸善, 2000

★11　Chelsea Wald: The secret history of ancient toilets, NATURE, Macmillan Publishers Limited, Corrected: NATURE, 17 June 2016

★12　J. Pickering Putnam: Plumbing and Household Sanitation, Doubleday, Page & Company, N.Y., 1911

★13　Historic UK Ltd.: The Throne of Sir John Harrington, 2019

★14　Sir John Harrington(Misacmos):A new discourse of a stale subject: Metamorphosis of Ajax, Richard Field, London, 1596

★15　Plumbingsupply.com: The Men That Made the Water Closet, 2019

★16　Jon C. Schladweiler: The History of Sanitary Sewers, Toilets, earth closets, and house plumbing, 2019

〈Ⅲ〉

水洗便器から排水システムの成立へ

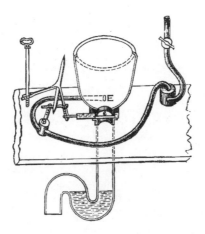

3. 水洗便器の登場

産業革命までの上下水道

　紀元後ほぼ横ばいであったヨーロッパの人口は 16 世紀の大航海・植民地時代に増加に転じ，17 世紀の科学革命を経て 18 世紀の半ばまで増加傾向が続いた。その科学的蓄積が 18 世紀後半からの産業革命をもたらし，人口が急増した（図 1）。産業革命は技術の大変革であり，社会変化につながるターニングポイントであった。そして水洗便器は産業革命中に発明された。そこで，便器に関連する上下水道・給排水システムの技術を産業革命以前と以降に分けて考察する。

　水流便器アジャックスは屋内に人工水流をつくり，その上に便器を設置した便器システムであった。その人工水流システムは貯水槽と給水管を用いて便器まで給水し，排水筒と排水槽を用いて便器から排水しており，給排水管路システムの原型とみなされる。水槽への給水は敷地外の河川等から給水管で導水し，排水槽の排水は水路で敷地外の河川等に放流していたと思われる。自然の河川等の水流を利用できる立地条件は市街地ではほとんどなく，アジャックスは広まることはなかった。

　建物が密集した都市で給排水管路システムが機能するには,建物に水を供給する水道が整備されていなければならない。それまでは使用済みの水と汚雑物が混入した排水は建物の側溝を経て河川等に排出されていた。都市化が進展すれば，開渠の排水排除システムは都市環境の悪化をもたらすので，埋設配管を主とする下水道が要請される。給排水管路システムと上下水道の管路システムには堅固で耐久性のある配管材がなければならない。

　水道（上水道）は古代文明のころからあり，ローマ水道はとくに有名である。

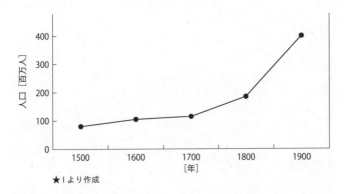

図1　ヨーロッパの人口推移（1500～1900年）

★1より作成

　ローマ水道は 11 を数え，水道の総延長は 800km にのぼり，鉛管を用いてサイホンによる圧送もしていた。その偉大さは水道橋の遺構にみることができる。ローマ水道の技術はその後の長い間継承されなかった。再び水道がつくられるのは 18 世紀になってからである。

　イギリスでは 14 世紀半ばの黒死病（ペスト）の流行によって人口の約1/3が死亡し，1400 年の人口は約 250 万人であった。イギリスは 1530 年に 300 万人，1600 年に 400 万人，17 世紀末に 650 万人，1800 年に 900 万人になった★2。ロンドンは 15 世紀末の 6 ～ 7 万人から 1600 年に 25 万人，17 世紀末から 60万人に急増し，1800 年には 100 万人を超えた。ロンドンは 18 世紀では西欧最大の都市であった★2。17 世紀末からの都市化の進展に伴って水需要も増加し，1723 年に最初の水道会社（Waterworks）であるチェルシー水道会社が設立され，続いて 1743 年に 東ロンドン水道会社，1767 年にリィブリッジ水道会社，1770 年にバロー水道会社，1785 年にランベス水道会社が設立された★3。

　他の大都市，例えば 18 世紀半ばに 20 万人を超える人口を抱えていたリスボンでは，飲料水の供給ため石造の水道が 1748 年につくられた。その象徴的なアグアス・リブレス水道橋（図2）の最大アーチは高さ 65m もある。1755年のリスボン地震（マグニチュード 8.5 ～ 9.0）は 85％の建物が倒壊した大地

図2　アグアス・リブレス水道橋（リスボン, 1748）

図3　ローマ水道の石管（リスボン）

震であったが，アグアス・リベレス水道橋は壊れることはなかった[4]。アメリカでは，1755年にベツレヘムではじめての水道会社が設立され，1772年にはプロビデンスに2つの水道会社が設立された[4]。ニューヨークでは1776年に貯水池からの水道が設けられ，1799年に水供給のマンハッタン会社が設立された[4]。

　下水道は紀元前5000年ごろのバビロン（メソポタミア文明），紀元前2000年ごろのモヘンジョ・ダロ（インダス文明）にすでにあった[5]。パリには中世の1370年ごろに下水道が設けられ，近世の1740年ごろに30kmの環状大下水道が完成した[6]。ロンドンでは下水道は17世紀に設けられ，18世紀には100kmを超えていた[7]。

産業革命までの配管材料

　水道・給水配管の管材には加工した木や石が使われた。単管としては陶管が最初で，紀元前2000年ごろのバビロニアのベル神殿他，古代文明で使われていた[8]。

　ローマ帝国の土木・建築技術は格段に高いものであった。道路，建物の建造物はもとより水道，公衆浴場，公衆便所の水関連技術には目を見張るものがある。ローマ水道（紀元前312〜3世紀）には石管と陶管の他に鉛管が多用された[9]。図3はリスボンで発掘された石管である。精巧な差し込み加工がなされている。水道から分水して建物や施設に給水する給水管には木管，鉛管，青銅管が使われ，その中継では鉛製水槽も用いられた[9]。図4はバース（イギリス）のローマ浴場と給水鉛管である。なお，"bath"の語源はアングロサクソンの"hot bath"であり，ローマ浴場以来の温泉のある土地が"bath"と呼ばれ，1590年にバース市となった[10]。

　鉛は融点が327.5℃で鋳造しやすく，その使用は紀元前7000〜6500年の小アジアに遡る[11]。銀の精錬プロセスの産物であったが，鉛製品として使

図4　ローマ浴場と鉛製給水管（バース，2世紀）

用したのはローマ帝国からである[11]。ローマ帝国では鉛はやわらかくて加工
しやすく耐蝕性があるので，建材，水槽，給水管に多用された[11]。ローマ帝
国の高度な水文化・技術は鉛の活用が鍵であったと思われる。鉛のラテン語
"plumbum"は英語"plumbing"（配管工事），"plumbing system"（給排水設備）
（給排水設備）の語源となった[11]。鋳鉄管はドイツで最初に用いられた。1442
年にアウクスブルク，1455年にディレンブルク城の水道管に用いられた[12]。
1680年にはベルサイユ宮殿の庭園の導水管に用いられた[12]。青銅製の止水弁
や水栓はローマ帝国時代からすでにあった[11]。

トラップをつけた水洗便器 —— 給排水システムのプロトタイプ

18世紀のリーディングネーションであったイギリスの首都ロンドンでは，
18世紀後半には水道が設けられ，水路には石と煉瓦，管路には木管，陶管，鉛管，
鋳鉄管が使われていた。給水小径管には鉛管が使われ，鉛製水槽や青銅製給水
栓も使われており，近代的な建物給水システムのプロトタイプが形づくられて

いた。下水道はまだ建造されておらず，建物の排水は側溝から河川に放流され
ていた。建物の排水管には木管，陶管，鉛管が用いられていたと思われる。

　屋内便所の3つの条件（清浄性，防臭，自動汚物搬送）のうち，清浄性と
自動汚物搬送は洗浄水の水流によって達成できる。給水管から給水栓の操作に
よりパン（便鉢）に吐水された洗浄水により汚物は浸され，排水弁等の操作に
よりパンから排水管に排出される。これにより便器の清浄性が確保される。排
出された汚物は汚水として排水管を通して敷地外に放流されるので，自動汚物
搬送ができる。防臭は，排水配管の放流先が開渠であれば，多量の洗浄水を用
いることにより，悪臭は軽減される。洗浄水をもたらす給水管と給水栓，パン
の排水口を開閉する排水弁，汚水を搬送する排水管が装備された水洗トイレの
先駆けが1591年のハリントン卿の水流便器アジャックスであった。しかし給
水管へ給する水道が整備されていなかったことから広まらなかった。

　アジャックスから1世紀半を経た18世紀後半，排泄には依然として改良式
汲み取り便所，チャンバーポット，クローズツールが用いられていたが，上水
道が整備されて建物への給水が普及化し，水使用が便利になった。下水道が整
備されていないために，排水管からの排水は側溝を経て河川に放流され，公共
用水域の水質汚濁が進行した。

　1723年，イギリスのブロンデル（J. F. Brondel）がバルブ式水洗トイレを
考案した[13]。このバルブは排水弁である。やっとアジャックスが復活したの
である。1734年には図5に示す棒栓式水洗トイレが開発された。棒栓を差し
込んで閉栓し，引き抜いて開栓するもので，排水弁より故障も少なく，防臭に
も寄与したと思われる。

　アレキサンダー・カミング（Alexander Cuming）は，スコットランド出身で，
ジョージⅢ世（1738～1820）のために気圧時計をつくり，王立協会のフェロー
にもなった[15]。アレキサンダー・カミングス（Alexhander Cummings）とも
表記されているが[15]，本書ではカミングと呼ぶ。カミングは1775年に滑り弁

（sliding valve）とＳベンド（S-bend，Ｓトラップ：S-trap）が装着された水洗便器（water closet）（図6）の特許を取得した[★16]。パンの底の排水口に装着された滑り弁はレバー操作で開閉できる。滑り弁を閉じた状態で排泄し，給水鉛管に設けられたコック（給水栓）を開けて吐水すると同時に滑り弁を開けて汚水をＳトラップに落下させ，排水管に排出する。Ｓトラップには汚水が封水と

図5　ブロンデルの棒栓式水洗トイレ（1734）[★14]

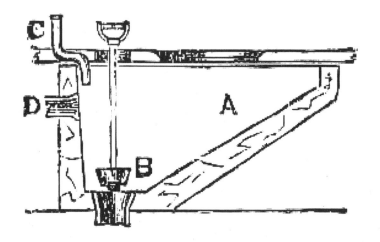

して残留し，封水によって排水管内の排水ガスが遮断され，排水口を通して屋内へ侵入するのを防止している。

　水はガスを通過させない。器具（便器）で水使用すれば，その排水が封水を自動的に構成し，排水管の排水ガスを遮断するという機能をもつ，きわめて単純な装置が水封式トラップである。洗浄水と排水管により屋内便所の3つの

図6　カミングの水洗便器（1775)[14]

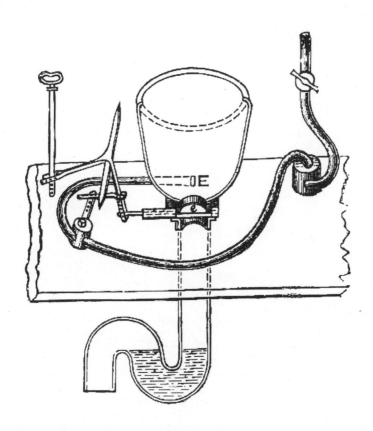

条件のうちの清浄性と自動汚物搬送がクリアされ，最後に残っていた防臭がトラップでクリアされた。人類の夢であった屋内便所，そこに設置する屋内便器（水洗便器）ができあがったのである。そして水洗便器を稼働させるための給水システムと排水システムがセットとなって，近代的な給排水システムの原型ができあがったと言える。

　水洗便器（water closet, WC）の語源は1775年とされている[17]。カミングの水洗便器が発祥とみなされる。カミングの水洗便器はブロンデルのバルブ式水洗トイレを継承したと考えられる。汚物排出とパン洗浄を洗浄水で行うために，パンに水をためてから排出させるバルブをパン底部に装着する機構である。その機構に加えて防臭（排水ガス遮断）の機能をもつSベンド（Sトラップ）を装着したことにカミングの革新性がある。

★1   Jerome Blum: Our forgotten past: Seven Centuries of Life on the Land", Thames and London, 1982

★2   Matthew White: The rise of cities in the 18th century, British Library, 14 Oct. 2009

★3   Leslie Tomory: The London water supply industry and the Industrial Revolution, McGill University, 2014

★4   National research Counsil, Committee, Water services and Technology Board, Division on life and earth
Studies: Privatization of Water Services in the United States – An assessment of
Issues and Experience, National Academy Press, 2002

★5   Rita P. Wright: The ancient Indus, urbanism, economy, and society. Cambridge University Press, 2009

★6   Mount Holyoke College students of History 255: The Sewers of Paris: A Brief History, 2019

★7   Shivani Yadav: The Great Stink of 1858: When London Crumbled Underan Obsolete Sewage System,
STSTW media, 8 Oct, 2018

★8   Cast iron pipe research association: Handbook of cast iron pipe for water, gas, steam, air, chemicals
and abrasives, 1929

★9   Evan J. Dembskey: The aqueducts of Ancient Rome, www.romanaqueducts.info, 2019

★10   Tim Lambert: A Brief History of Bath, England, 2019

★11   Vincent Rich: The international lead trade, Woodhead Publish Limited, 1994

★12   Harry B. Evans: Water Distribution in Ancient Rome – The Evidence of Frontinus, University of
Michigan Press, Reprint, 1997

★13   Bindeswar Pathak: Highlights in the Evolution of Toilet System-2500 BC to 1990 AD, International
Symposium on Public Toilets, 1995

★14   S. Stevens Hellyer: Principles And Practice Of Plumbing, George Bell and Sons, 1891

★15   Gloria Clifton: Cumming, Alexander (1731/2-1814), Oxford Dictionary of National Biography,
Oxford University, 2004

★16   Britain Stevenson: Alexander Cumming (ca. 1731-1814), John Hill (1714-1775), microscopist.net, Mar.2016

★17   Robert k. Barnhart, Sol Steinmetz: Chambers Dictionary of Etymology, Chambers, 1988

4. 水洗便器の発展と上下水道

すさまじく発展した水洗便器——19世紀まで

　カミングの水洗便器は滑り弁によるパンの溜水機能とSトラップによる防臭機能が備わっていた。1777年, イギリスのサミュエル・プロッサー（Samuel Prosser）が滑り弁に代わるプランジャーを用いたプランジャー便器（plunger closet）の特許を取得した[1]。図1に示すように, 水封式トラップは装着されていなかった。プランジャーは棒栓のことであり, ブロンデルの水洗トイレの改良版といえる。プロッサーのものは, プランジャーがパンの側壁に設けられていたので汚物が付着し, 円滑に機能しなかった[1]。1778年, イギリスのジョセフ・ブラマ（Joseph Bramah）はカミングの滑り弁が冬季に凍結する欠点を改善するため, 滑り弁をヒンジ付きフラッパー（hinged flap）に置き換えた水洗便器（図2）の特許を取得した[4]。パンの汚水の排出操作用ハンドルとバルブはワイヤーでつながれている[2]。

　水洗便器の主流の系譜として, ハリントン卿の水流便器の仕切弁, カミングの滑り弁, プロッサーのプランジャー, ブラマのフラッパー弁のように弁（バルブ）の操作によってパンに水をため, 汚物とともに排出する方式が継承された。その方式を用いた便器をバルブ便器（valve closet）という[2]。排水弁としてプランジャーとバルブがそれぞれ改良され, それらを併用したものも開発された。

　プランジャー便器を図3に示す。(a) ～ (c) はブラマが考案した水洗便器の類型にあたるプランジャーのみのタイプである。プランジャーの排水ガス機能遮断機構の不完全さを補うため, 水封トラップを組み合わせたカミングの水洗便器と同じタイプである (d) ～ (f) が開発された。図4はスティーブンス・

図1 ブロッサーの水洗便器 (1777)[*2]

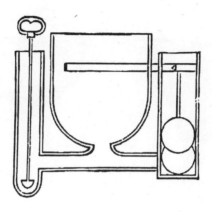

図2 ブラマの水洗便器 (1778)[*2]

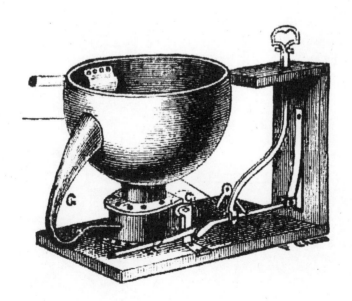

図3　プランジャー便器[★3]

(a)　　　　　　　　　　　　　　(b)

(c)　　　　　　　　　　　　　　(d)

(e)　　　　　　　　　　　　　　(f)

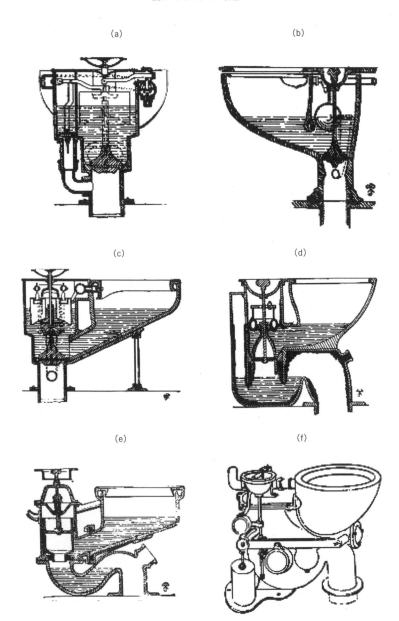

ヘリヤー（Stevens Hellyer）の「最良水洗便器（Optimus WC）」と名付けられたプランジャー便器であり，ロンドンの科学博物館に展示されている。

バルブ便器は高価で修理にもコストがかかるので安価な便器が求められ，パン便器（pan closet），ホッパー便器（hopper closet）が開発された[2]。パン便器を図5に示す。(a) は固定式の小型ポット，(b) は可動の銅製ポットが排泄物を受け，下のトラップに落とす仕掛けになっている。きわめて不衛生であった[3]。ホッパー便器は図6に示すように，トラップの上にホッパーが設けられているシンプルな便器である。(a) のSトラップには各個通気管が設けられている。(b) には便座がついている。(c) は棒栓（Harrison & Son's flushing plug）がついたものである。ホッパー便器も不衛生であった[2]。

図4　ヘリヤーの最良水洗便器（科学博物館(ロンドン),1890)

図5　パン便器

(a) ★5

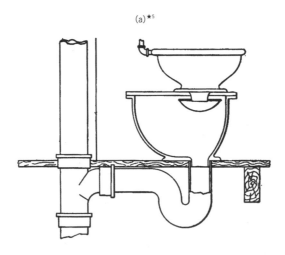

(b) ★2

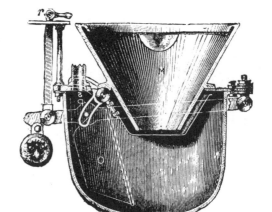

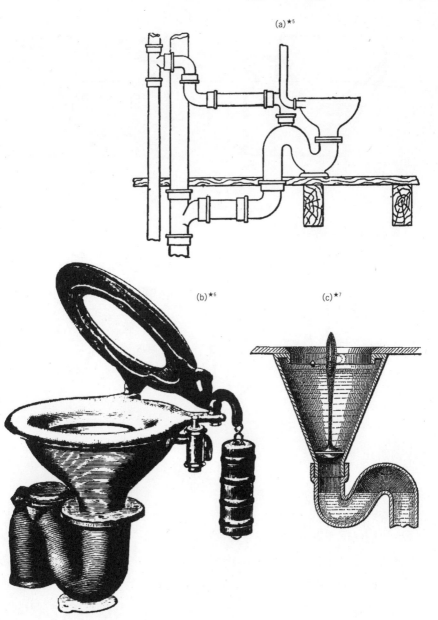

図6　ホッパー便器

(a)★5

(b)★6　　　　　　(c)★7

図7　トラップ便器[*2]

(a)　洗い落とし式

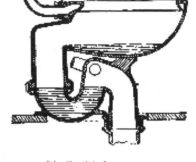

(b)　洗い出し式

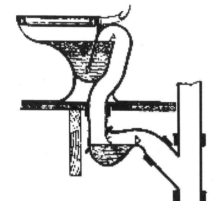

(c)サイホン式

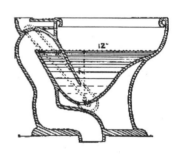

(d)サイホンジェット式

　トーマス・トワイフォード（Thomas Twyford）は 1885 年にパンとトラッ
プが一体となった陶磁製の水洗便器を開発した。このバルブレス便器をトラッ
プ便器と呼ぶ。トラップ便器を図 7 に示す。(a) は洗い落とし式（wash down
type）, (b) は洗い出し式（wash out type）である。(c) はサイホン式（siphon
type）の原型で，二重トラップになっている。二重トラップは単トラップにな

054

表1　19世紀のコレラ大流行

コレラ大流行	国・地域
第1回:1817-1823	インド, 東南アジア, イラク, 中国
第2回:1829-1837	ロシア, ヨーロッパ, 北アメリカ, メキシコ, キューバ
第3回:1846-1860	インド, イラン, ヨーロッパ, アメリカ, アフリカ, 中国, 日本
第4回:1863-1875	ヨーロッパ他
1877-1879	中国, 日本
第5回:1881-1896	インド, ロシア, ヨーロッパ, 南アメリカ
第6回:1899-1923	インド, アラビア半島, 北アフリカ

★11より作成

り，アメリカで（d）のサイホンジェット式（siphon jet type）が開発された。現代の大便器につながるトラップ便器は，騒音が激しく故障の多いバルブ便器を駆逐していった。

コレラの脅威と上下水道の発展

19世紀初め，産業革命により発展していたイギリスの街は混雑，劣悪な住宅，汚れた水と病気によって特徴づけられる[7]。中産階級の男性の平均寿命は45才，労働者はその半分であった[8]。1831年からコレラが流行し，5万人以上が死亡した[8][9]。ジョン・スノー博士（Dr. John Snow）はコレラに汚染された水道水を飲んで感染が広がったことを特定した[10]。

コレラや赤痢などは水系感染症（伝染病）ともいわれている。7回のコレラ大流行のうち6回は19世紀に発生した。7回目は1964〜1975年にインドネシア，バングラディシュ，ソ連で発生した（表1）。

19世紀になるとロンドンでは次々に水道会社が設立され，市内に9水道会

社が配置された[★12]。1804年にスコットランドのジョン・ギブ（John Gibb）が発明した砂ろ過を，ジェイムス・シンプソン（James Simpson）が1829年にチェルシー水道会社に設けた[★13]。1852年の首都水道法（Metropolis Water Act）によりテムズ川からの取水が禁止され，砂ろ過が義務付けられた[★14]。

　1844年の建築法（Building Act）により新築建物の排水管は下水道に接続することが規定され，雨水排除が主用途であった下水道に汚水が流入するようになった[★15]。工場排水と建物の汚水が廃棄物とともにテムズ川に流れ込み，さながら巨大な下水道の体をなしていた[★16][★17]。その状況を象徴する事態「大悪臭（Great Stink）」が1858年の夏に発生し，ロンドン中心部は大悪臭が漂い，国会議事堂は閉鎖にせざるを得ないほどだった[★18]。図8は大悪臭の新聞風刺絵である。先延ばしにされていた汚水下水道の建設が決定され，土木技術者のジョセフ・バザルゲティ卿（Sir Joseph Bazalgette）が提案した下水道網が1859〜1866年に建設された[★18]。

　パリでは1832年のコレラ流行のあと，1865〜1920年に上下水道の整備が進んだ[★19]。ハンブルクでは1863年に下水道網の建設が始められ，1893年に塩素消毒が試みられた[★20][★21]。アメリカでは1850年までに水道事業体は83（うち50は個人所有）に増加し，1866年までには136の公共水道事業体があった[★22]。1800年代後半には砂ろ過（緩速ろ過）に加えて凝固剤（急速ろ過）が適用された[★23]。下水道は1850年代後半にシカゴとブルックリンでつくられた[★21]。1890年にはウスターで化学沈殿池を使用した最初の下水処理場が建設された[★21]。

　コレラは表1の第4回と第5回の間の1877〜1879（明治10〜12）年に日本でも流行した。1822（文政5）年にはじめてのコレラ流行があり，1858（安政5）年，1877（明治10）年，1879（明治12）年，1882（明治15）年，1886（明治19）年と続いた[★24]。1879（明治12）年に虎列剌（コロリ）病予防仮規則（太政官布告第23号），1880（明治13）年に伝染病予防規則（太政

図8 漕ぐ死神★¹⁷大悪臭の新聞風刺絵, 1958)

THE "SILENT HIGHWAY"-MAN.

"Your MONEY or your LIFE!"

図9　横浜水道の導水管・配水管（横浜水道記念館, 1887）

鋳鉄製導水管（径46cm）

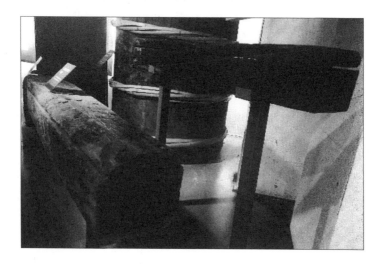

木製正方形配水管（9cm角）

官布告第 34 号）が公布された[24]。そして 1883（明治 16）年，お雇い外国人のヘンリー・スペンサー・パーマー（Henry Spencer Palmer）がイギリスから招かれ，1887（明治 20）年にはじめての近代水道である横浜水道が創設された。1886（明治 19）年の大流行を契機に 1888（明治 21）年から東京水道の敷設が計画され，1898（明治 31）年に神田・日本橋方面に通水し，1911（明治 44）年に全面的に完成した[26]。横浜水道の導水管は径 46cm の鋳鉄管，配水小管は 9cm 矩形の木管であった（図 9）。東京水道は鉄管であった[25]。

低所得者向けの非水洗式のアース便器

1860 年，教会の司祭であったヘンリー・ムール（Henry Moule）はアース便器（earth closet）を用いたドライアースシステム（dry earth system）の特許を取得した[26]。ムールは 1849 年と 1854 年のコレラ流行の惨状を経験し，水洗便器を設置できない人びとと，とくに地方の人びとのために衛生的かつ有益な便器の開発に挑んだ[27][28]。排泄物と混じった乾燥土壌が数週間できれいな堆肥になることを発見したことが開発の契機になった[26]。

　アース便器の特許図面を図 10 に示す。アース便器は腰掛式でクローズスツールの発展形とみなされる。チャンバーポットに代わって，大きくて運びやすいバケツが置かれている。背もたれを兼ねた箱に入っている乾燥土（dry earth），泥炭や灰の混合物をレバー操作でバケツ内の排泄物に振りかける。排泄物と混合物は混ざって良質な堆肥（コンポスト）になり，バケツを持ち運んで畑で活用するコンポストシステムである[30]。混合物には消臭の効果もあり，悪臭はほとんどしなかった[28]。

　アース便器は急速に普及して水洗便器と競合し，19 世紀に最も人気のあった便器といわれている[27][28]。アース便器は水洗便器と比べて安価，給排水設備が不要，移動可という利点があるが，混合物とバケツの運搬に人手がかかり，清浄性と防臭にやや難があった。コンポストが活用できる畑か庭があればよい

図10　アース便器[★27]

"Pull out"　　　　"Pull up"

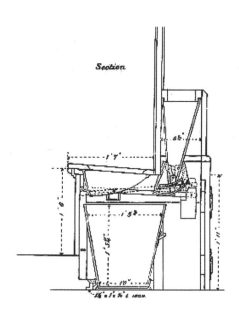

Section

が，なければ夜土として運搬しなければならない。しかしながらアース便器は排泄物の廃棄装置ではなく，有価装置のコンポスト便器であることに大きな意義があると評価される。

イギリス・アメリカが主導した水洗便器とバスルーム――20世紀初頭まで

カミングが1775年に水洗便器を発明してからの1世紀は水洗便器等具の製造，給排水システムの構築，上下水道の整備にかかわる技術や水衛生の概念をイギリスが先導した。その後19世紀後半からアメリカが台頭してきた。1870年代から両国が競合し，1880年代からはアメリカが先行する例が多くなり，20世紀初頭からはアメリカが先導するようになった。19世紀末に大きな転機が見られる。すなわち，近代給排水システムは18世紀末にイギリスで開花し，現代給排水システムへの発展は19世紀末にアメリカでなされたといえる。その象徴として前者は水洗便器，後者は超高層建物が挙げられる。

アメリカの水道普及率は南北戦争終結時（1865年）の約5％から19世紀末には24％に増加し，1930年代には都市部はほぼ全体に普及した[29]。19世紀後半，イギリスの高級住宅では水洗便器が一般的になったが，アメリカでは稀であった[30]。1873年まではイギリスの高級水洗便器が輸入されていたが19世紀末にはアメリカの衛陶メーカーが育ち，20世紀にはイギリスの衛陶メーカーと競合し，圧倒するようになった[31]。

1901年にニューヨーク州でテナントハウス法（Tenement House Act）が制定され，新築アパートの各住戸に便所と浴室の設置が定められた[32]。しかし既存アパートには屋内便所はなく，1937年では165,000世帯が屋内便所は利用できなかった[33]。このテナントハウス法がシャワー・浴槽と水洗便器がセットとなったバスルームが普及していく契機となったと思われる。

19世紀末までのバスルームはイギリスのビクトリア様式の隠ぺい配管から，20世紀初頭にオープン配管に変化していった[34]。建築家アントニ・ガウディ

（Antoni Gaudí）のカサ・バトリョ（1906年改装竣工）のバスルームはオープン配管でガス給湯器も設置されている（図11）。図12はバスルームに隣接するユーティリティーに設けられている洗面器である。そのトラップは美しいフォルムで，見たことがない独特のものであった。ガウディがトラップをデザインするとこうなるんだと，うなずきながら感動した。トラップまでデザイン

図11　カサ・バトリョのバスルーム（ガウディ, 1906）

していたガウディはやはり傑出した建築家であった。

　水洗便器は 1900 ～ 1910 年の間に洗い出し式から洗い落とし式とサイホン式に，洗浄装置はハイタンク（high tank）からロータンク（low tank）に替わった[34]。そして洗浄弁（flushometer, flush valve）が 1906 年にスローンバルブ社（Sloan Valve Company）から販売された[35]。洗浄弁といえば，ノーベル賞作家ジョン・スタインベック（John Steinbeck）の代表作『怒りの葡萄（The Grapes of Wrath)』（1939 年）の中に印象的な場面があった。1930 年代，農民一家が故郷を追われてカリフォルニアにルート 66 をたどって旅する人間像

図12　カサ・バトリョの洗面器・トラップ（ガウディ, 1906）

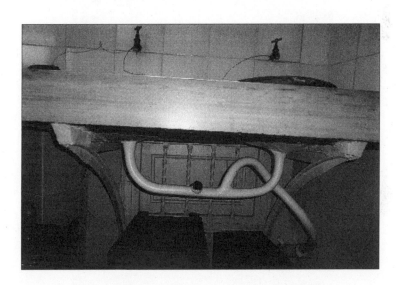

を描いた小説で，野営施設の衛生棟で12歳の娘ルーシーがトイレを水浸しにした場面である。洗浄弁の使い方がわからなかったのが原因であった。

　日本では日本陶器（現ノリタケカンパニーリミテド）の大倉和親（後のTOTO初代社長）が1912年に設立した製陶研究所で1914年に国産初の腰掛式水洗便器（図13）の開発に成功した[35]。同潤会の代官山アパートメント（1927年竣工）にはハイタンク式のスクワット式水洗便器（図14）が設けられていた。

図13　日本最初の水洗便器（写真提供・TOTO, 1914）

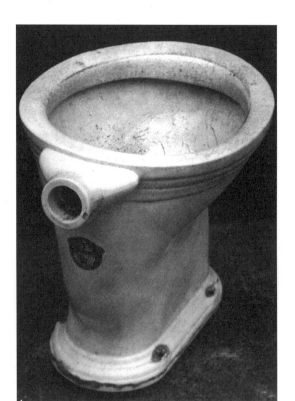

図14　代官山アパートメントの水洗便器(UR都市機構集合住宅歴史館, 1927)

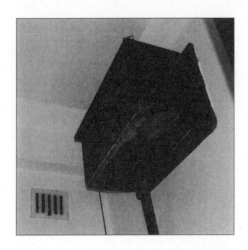

★ 1   Michelle Brunet: The History of the Toilet Plunger, 2019

★ 2   S. Stevens Hellyer: Principles and Practice of Plumbing, George Bell And Sons, 1891

★ 3   John Pickering Putnam: Plumbing and Household Sanitation, Doubleday Page & Company, 1919

★ 4   R. M. Starbuck: Standard Practical Plumbing, The Norman W. Henley Publishing Company, 1919

★ 5   George B. Clow: Practical up-to-Date Plumbing, Frederick J. Drake & Co, 1914

★ 6   Baldwin Latham: Sanitary Engineering a Guide to the Construction of Works of Sewerage
and House Drainage with Tables for Facilitating the Calculation of the Engineer, E & F. N. Spon, 1873

★ 7   Baldwin Latham: Sanitary Engineering a Guide to the Construction of Works of Sewerage and House
Drainage with Tables for Facilitating the Calculation of the Engineer, E & F. N. Spon, 1878

★ 8   Liza Picard, Health and hygiene in the 19th century, Victorian Britain 2009

★ 9   Majorie Bloy: Cholera comes to Britain: October 1831, A Web of English History, historyhome.co.uk, 4 Mar 2016

★ 10   John Snow: On the Mode of Communication of Cholera, John Churchill, 1849

★ 11   CBC news: Cholera's seven pandemics, www.cbc.ca, 23 Oct 2010

★ 12   Henry Winram Dickinson , Water supply of Greater London, Printed for the Newcomen Society at the Courier
Press, 1954

★ 13   World Health Organization: Filtration of Water Supplies

★ 14   Joseph Quick: The Water Supply of the Metropolis and the Proposed Transfer of the London Water Companies
to a Public Authority, Nabu Press, 2010

★ 15   The National Archives: Building Act 1984, legislation.gov.uk, 20 Oct 2019

★ 16   Johanna Lemon: Cholera in Westminster, Cholera and Tames, 2019

★ 17   Punch Magazine, 第35巻, 137頁, 1858年7月10日 "The Silent Highwayman" (1858).Death rows on the
Thames, claiming the lives of victims who have not paid to have the river cleaned up.

★18　Beverley Cook & Alex Werner: Breathing in London's history: from the Great Stink to the Great Smog, 2017

★19　George Commair: The Waste Water Network: and underground view of Paris, Great Rivers History Symposium at EWRI 2009, American Society of Civil Engineers, 2009

★20　Benidickson Jamie: The Culture of Flushing: A Social and Legal History of Sewage, UBC Press., 2011

★21　Burian Steven J, Nix Stephan J, Pitt Robert E., Durrans S. Rocky: Urban Wastewater Management in the United States: Past, Present, and Future, Journal of Urban Technology, Vol. 7, No.3, 2000

★22　National Academy of Sciences: History of U.S. Water and Wastewater Systems, 2019

★23　Leal John L: The Sterilization Plant of the Jersey City Water Supply Company at Boonton, N.J, Proceedings American Water Works Association, 2009

★24　静岡県立中央図書館；コレラの流行, 2019

★25　東京都水道局：東京の水道・その歴史と将来, 2019

★26　RootsWeb: Michael Russell: Life of Reverend Henry Moule M.A. 1801-1880, 2014

★27　E.C.S. More: Sanitary Engineering, :a practical treatise on the collection, removal and final disposal of sewage, and the design and construction of works of drainage and sewerage, B. T. Batsford, 1898

★28　Philip Strange: Earth Closets and Great Stinks, 2010

★29　Tim Lambert: A Brief History of Toilets, 2019

★30　Suzanne Spellen: A Quick History of the Bathroom, 2019

★31　The Plumber.com: Plumbing in America, 2019

★32　Sarah Bean Apnann: Tenement House Act of 1901

★33　Bo Sullivan, The History of the Lavatory, Oldhouse, 2019

★34　Sloan Valve Company: Innovation generation, Sloan Valve Company, 2019

★35　TOTO：東洋陶器七十年史, TOTO, 1988

5. 排水システムの成立

イギリス・アメリカで確立した中低層建物の給排水設備

　19世紀ごろのロンドンなど西欧都市の建物は5階以下の中低層であった。その規模において近代給排水システムは構築された。給水システムは水道管（配水小管）に接続された給水引き込み管・（貯水槽）・給水配管・給水栓で構成され，水道水は水道管の水圧を利用して給水管内を満流・圧送で流れ，給水栓から吐水される。圧力さえ確保できれば清浄な水道水が吐出するので，その管路設計は容易であった。給水システムの方式には，配水小管に直結して給水する直接式（direct system）（現在の直結直圧給水方式）と，配水小管から屋根裏に設置した高置水槽に貯水し，重力で下に給水する間接式（indirect system）・タンク式（tank system）（現在の高置水槽給水方式）があった[1]。間接給水方式の系統図を図1に示す。図2は18世紀の銀行建物に用いられていた鉛製貯水槽（cistern）である。鉛は器具，水槽，給排水管など，給排水設備機器に多用されていた。アメリカでは鉛管が19世紀後半から使用されていた。健康衛生のリスクより工学的利点のほうが優先され，給水鉛管の制限・禁止は1920年代になってからであった[3]。

　排水システムは器具排水口・トラップ・排水管と通気配管から構成され，排水は非満流・重力送で下水道へと導かれる。排水口からは空気も流入し，排水には汚雑物が混入する。排水管内を排水に伴って流れる空気は密度変化して空気圧力が変動する。排水管内の空気圧力を管内圧力，空気圧力変動を管内圧力変動という。

　排水立て管の排水・汚雑物は自由落下するので問題はないが，排水横管の搬送には勾配を要する。汚雑物の搬送に必要な勾配としては，すでに下水道で採

図 1　間接給水方式（アメリカ, 19世紀末）[★1]

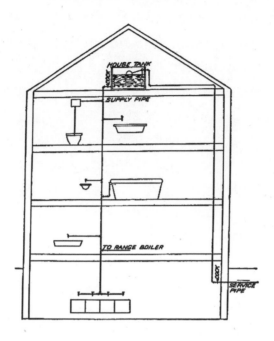

図 2　鉛製貯水槽（ロンドン, 18世紀）[★2]

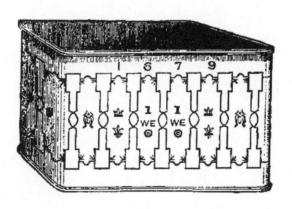

用されていた流速基準（0.6 〜 1.8m/s）が準用された[4]。

　器具排水管（器具の排水管）には有害・悪臭の排水ガス（下水ガス）の屋内への侵入を阻止するためにトラップが設けられている。その阻止機能はトラップ内の封水が担っているが，封水は排水流れに伴う空気圧力変動によって損失し，破封（空気が通過する状態）することがある。その現象を誘導サイホン作用（induced siphonage）という。誘導サイホン作用による破封を圧力破封，蒸発による破封を蒸発破封と呼ぶ。圧力破封の原因である管内圧力を緩和するために通気管が排水管に設けられる。通気管の末端は大気に開口されている。トラップの破封現象と通気管の役割は 19 世紀前半には十分に理解されていた。各種形状のトラップが開発され，各器具排水管に通気管（各個通気管）が設けられた。排水が流れていないときは，下水道の下水ガスは建物の排水管に流入し，通気管を経て屋外に流出することになる。そこで，下水ガスを排水管に流入させないように，下水道に接続している排水横管（敷地排水管・排水横主管）に建物トラップ（house trap, building trap）が設置されるようになった。

　イギリスでは，水洗大便器（汚水）とその他の器具（雑排水）を別々の排水立て管で排水する分流排水方式が採用された。図 3 は汚水系統，図 4 は雑排水系統である。各器具排水管には各個通気管が設けられ，通気立て管に接続され，伸頂通気管を経て大気に開口されている。建物トラップも設けられている。配管の黒帯マークは鉛管の図示記号である。排水・通気管（排水横枝管・通気横枝管・排水立て管・通気立て管・伸頂通気管）は屋内ではなく外壁に配管された。当時の配管技術では配管接続部からの漏気・漏水は珍しいことではなかったと思われる。漏気・漏水による不衛生な状況の回避方法として，また，コレラ大流行の経験を踏まえた給水系統と排水系統の隔離による安全対策として，外壁配管が採用されたと考えられる。この外壁配管は泥棒の侵入経路となるので 1970 年代になって禁止されたが，病院建築は除外された。ロンドン，エジンバラなどを訪れると，古い建物で外壁排水配管を見ることができる。

図3 汚水排水系統(イギリス, 19世紀末)★5

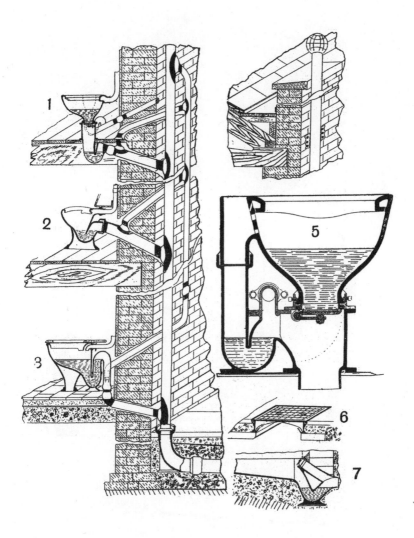

図4　雑排水系統（イギリス, 19世紀末）[★5]

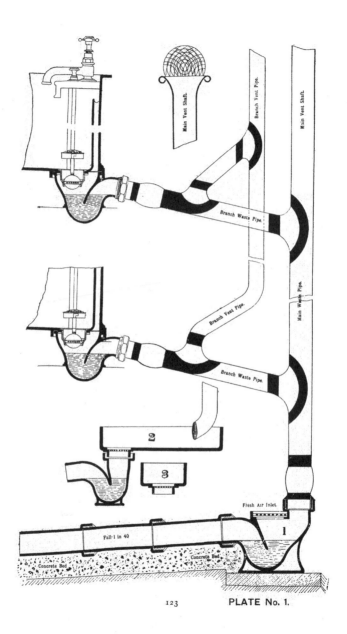

123　　PLATE No. 1.

図5は非住宅他建物の連立水洗便器の汚水系統で, 連続通気方式 (continuous vent system) が用いられている。連続通気方式はループ通気方式 (loop vent system) とも呼ばれていた[6]。現在のループ通気方式にあるループ通気管は用いられていない。ループ通気方式の原型とみなされる。図6は旧ロンドン

図5　連立水洗便器の汚水排水系統(イギリス, 19世紀末)[6]

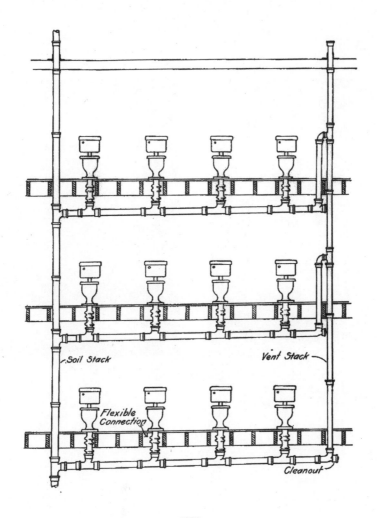

市庁舎の外壁排水配管であり，排水横枝管，通気横枝管，排水立て管の，みごとな鉛配管となっている。図7はロンドンのウィッテントン病院の外壁排水配管である。1970年代に改修されたもので，鉛管から硬質ポリ塩化ビニル管に変更されている。

　アメリカは東海岸のボストンやニューヨーク，中部のシカゴから発展していった。それらの都市は冬季には凍結するので，排水配管も屋内に設けられ

図6　外壁鉛排水配管
（旧ロンドン市庁舎, 1922）

図7　外壁鉛排水配管
（ウィッテントン病院, 1970年代）

た。図8は分流排水方式の屋内配管である。建物トラップが汚水排水横主管，雑排水横主管それぞれに設けられている。水洗便器の排水（汚水）とそれ以外の器具の排水（雑排水）を分けないで同一の排水立て管に排水する合流排水方式（図9）も採用されるようになった。その系統には建物トラップは設けられていない。そして図10に示すような合流排水方式（建物トラップ・各個通気方式）の屋内排水配管が標準となった[8]。

図8　屋内分流式排水配管（アメリカ, 20世紀初頭）[7]

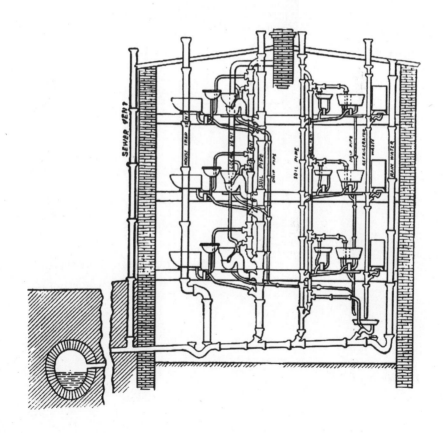

図9　屋内合流式排水配管（アメリカ, 20世紀初頭）[*7]

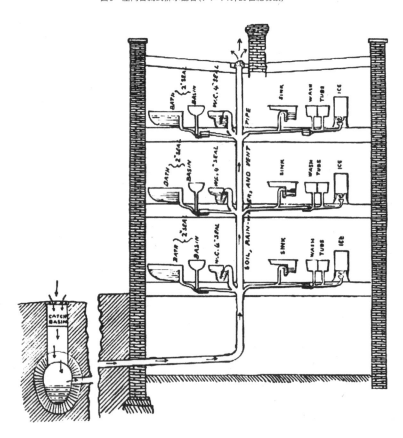

図10　屋内合流排水方式（アメリカ, 20世紀初頭）★8

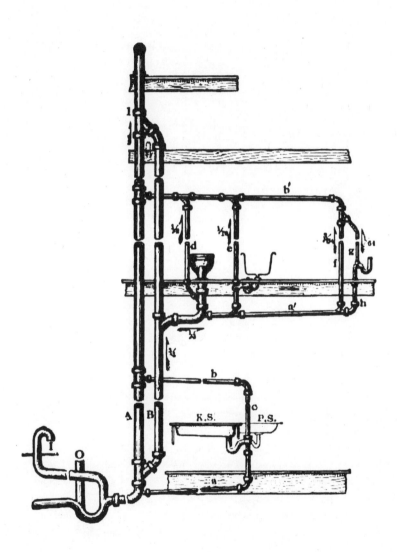

★1   William Beall Gray, Charles B. Ball: PLUMBING:A Working Manual of American Plumbing Practice, including approved fixtures, piping systems, house drainage, and modern methods of sanitation, American Technical Society, 1917

★2   S. Stevens Hellyer: Principles and Practice of Plumbing, George Bell And Sons, 1891

★3   Richard Rabin: The Lead Industry and Lead Water Pipes "A MODEST CAMPAIGN", Am Public Health, 2008

★4   Baldwin Latham: Sanitary Engineering a Guide to the Construction of Works of Sewerage and House Drainage with Tables for Facilitating the Calculation of the Engineer, E & F. N. Spon, 1878

★5   S Barlow Bennett: A Manual of Technical Plumbing and Sanitary Science, B. T. Batsford, 1910

★6   Cosgrove, J. J. (John Joseph), b. "Principles and practice of plumbing", Scranton, Pa., Technical Book Publishing Co, 1922

★7   J. Pickering Putnam: Plumbing and Household Sanitation, Doubleday Page & Company, 1911

★8   William Beall Gray, Gray's Plumbing Design and Installation, David Williams Company, 1916

下水ガスをストップするトラップ

　屋内は器具の排水口から排水システムを経て下水道内につながっており，下水ガス・排水ガスが屋内に侵入するおそれがある。下水ガスを遮断するために建物トラップが，排水ガスを遮断するために器具トラップが設けられた。19世紀後半，イギリスでは下水ガス（排水ガス）は人体に有害であると認識され，悪(evil)といわれていた[★1]。建物トラップの通気管は排水横主管側に設けられ，地上で開口されていた（図11）。その開口から排水ガスが流出するので，ロンドンの密集区域では建物トラップは避けられた[★1]。アメリカでも19世紀末に

図11　建物トラップ通気管の地上開口[★1]

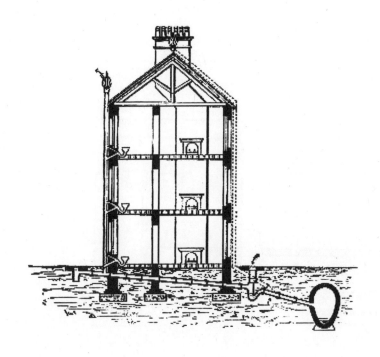

079

は建物トラップの通気管は地上開口されていたが（図12），屋根上に開口するのが適切な排水配管とされていた（図13）。建物トラップは主トラップ（main trap）とも呼ばれていた[2]。

図12　建物トラップ通気管の地上開口[2]

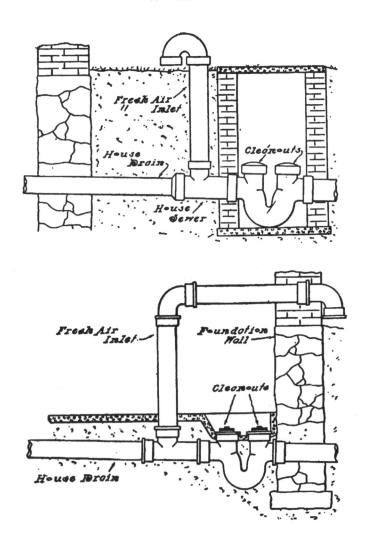

図13　建物トラップ通気管の屋根上開口（アメリカ, 20世紀初頭）★4

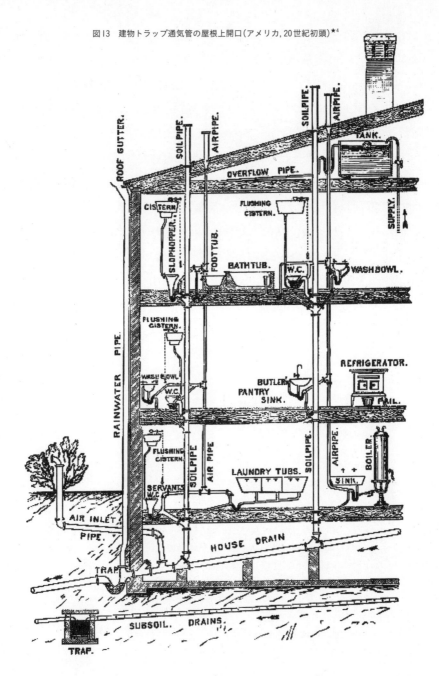

アメリカではそもそも論として下水ガスの危険性についての議論がなされ，1884 年にボストン市衛生局（Boston City Board of Health），1885 年にマサチューセッツ工科大学で下水ガスの危険性と適正な配管法に関する実験研究が開始された[5]。配管法については 10 の原則が提示され，下水ガスの重要な成分は二酸化炭素，一酸化炭素，アンモニア，硫化水素，アンモニアの炭酸塩，硫化アンモニウム，硫化メチル，揮発性有機化合物であり，悪臭成分であることが明らかにされた[3]。1880 年からアメリカ国立公衆衛生院（United States National Board of Health）は下水中の細菌の存在と空気放散に関する実験研究を開始した[6]。そして，下水中の細菌の数は一般の自然水より少ないこと，常温で静止している水中から 細菌は空気に放散しないことが確認された[6]。これによりトラップ封水の下水ガス遮断効果が公認された。下水道の換気は建物の排水・通気配管に担わせるのではなく，自前で換気塔を設けて行うことが推奨された[5]。

★1   Baldwin Latham: Sanitary Engineering a Guide to the Construction of Works of Sewerage and House Drainage with Tables for Facilitating the Calculation of the Engineer, E & F. N. Spon, 1873

★2   R. M. Starbuck: Standard Practical Plumbing, Norman W. Henley Publishing Company, 1910

★3   Kristin Holt: Indoor Plumbing in Victorian America, Kristin Holt, LC, 11 Jun 2016

★4   Plunkett, Harriette Merrick, B.: Women, plumbers, and doctors, or, Household sanitation, D. Appleton and Co., New York, 1885

★5   J. Pickering Putnam: Plumbing and Household Sanitation, Doubleday, Page & Company, 1911

★6   William E. Hoyt: Safety in House-Drainage, Popular Science Monthly, Vol. 33, 1888

アメリカで展開した高層建物の給排水設備

1885年，シカゴに最初の超高層ビルとされているホーム・インシュアランスビル（S造, 高さ42m）が建造された[1]。このビルを皮切りにシカゴ・ニューヨークで数多くの超高層ビルが建設された。1884〜1939年に建設された超高層商業ビルは初期超高層ビル群といわれている[1]。高層・超高層ビルでは，高所に人・物を運ぶエレベータと給水できる給水ポンプが必須となる。最初に旅客エレベーターが設けられたのは1870年に竣工したニューヨークのエクイタブル生命ビルであり，オーチスの油圧エレベータが用いられた[2]。電動エレベータはドイツのシーメンスが1880年に最初に製作し，19世紀末にはビルに使われていた[3]。給水ポンプは蒸気動力が一般的であったが，1980年代には電動ポンプが使われるようになった[4]。図14に高置水槽用蒸気動ポンプ，図15に水洗便器の洗浄タンク用電動ポンプを示す。ポンプの発停にはフロートバルブが用いられている。さらに高層階では冷房が必要となる。ウィリス・キャリア（Willis Carrier）がニューヨークのサケット・ウィリヘルムス印刷所にはじめての空気調和設備を設計し，ビルにも適用されるようになった[6]。

水洗便器の洗浄装置は洗浄タンクであったが，20世紀初頭に洗浄弁が開発された。洗浄弁は給水管からバルブ操作で即座に洗浄できる。洗浄タンクはタンクに貯水するのに時間がかかる。そこで，多人数が利用する商業ビルなどの便所（共用便所）には洗浄弁が採用されるようになった。しかし洗浄弁は洗浄タンクに比べて給水流量がきわめて多く，また必要水圧（吐水に要する水圧）

表1　大便器洗浄装置の給水流量・器具給水負荷単位と必要圧力[7]

大便器洗浄装置	給水流量[L/min]	器具給水負荷単位[-]	必要圧力[kPa]
洗浄タンク	14	1	30
洗浄弁	126	9	70

図14　蒸気動ポンプ・フロートバルブ（アメリカ, 20世紀初頭）[5]

PLUMBING

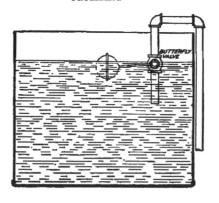

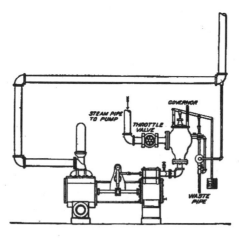

図15　電動ポンプ・フロートバルブ
（アメリカ, 20世紀初頭）[5]

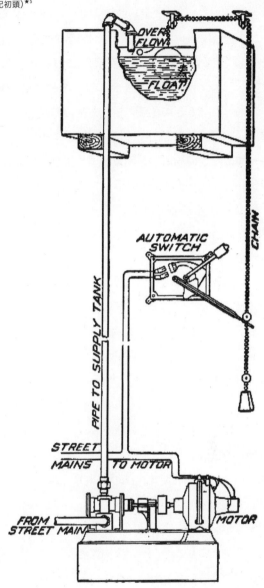

も大きい（表1）。多人数が利用する高層建物の給水システムの設計（給水管径，給水ポンプ能力等の決定）では精度のよい給水負荷の算定が欠かせない。排水システムでは，トラップの形状と性能の明確化，適切な通気方法，排水・通気管径を決定するための排水負荷算定法の確立が要請された。

　アメリカでは給排水システム設計の基準化が国家事業として展開された。その第一段階として住宅の排水設備設計が取り上げられた。商務省の国立標準局（NBS）に商業建築基準委員会が1921年に設けられ，1924年に「住宅・類似建物の給排水設備に関する推奨最小要件（Recommended Minimum Requirements for Plumbing in Dwelling and Similar Building）」が建築基準委員会給排水設備小委員会最終報告書（Final Report of Subcommittee on Plumbing of the Building Code Committee）としてまとめられた[8]。この最小要件は，1928年に当時の商務省長官ハーバート・フーバーの名をとったフーバーコード（Hoover Code）になり，1932年に改訂された[9]。商業建築基準委員会には27学協会が参画し，NBSを中心に排水・通気配管法とトラップに関する実験研究が精力的に実施された。そのリーダーが給水負荷算定のハンター曲線（Hunter's curve）で著名なロイ・ハンター博士（Dr. Roy B. Hunter）であった。建物トラップは排水流れに支障をきたすので禁止すべきであると判断された根拠は，ハンター博士の実験による。ハンター博士の負荷単位（基準流量に対する器具流量の比率に確率の重みを加味した丸め値）という独特の数量アイデアが排水負荷に対して用いられている。なお，ハンター曲線を用いた給水負荷算定法の提案は1940年に発表された[10]。推奨最小要件として，トラップの形状と封水深5cm以上10cm以下，封水損失・破封現象（自己サイホン作用，誘導サイホン作用），排水立て管の圧力分布の実験，流下速度の理論式にもとづく配管法・管径決定法，竣工検査法，配管施工法，基本的な給水配管法などが規定されている。

　1933年のシカゴ世界博覧会（Expo 1933）のとき，2つのホテルでアメー

バ性赤痢が発生して98人が亡くなった[★11]。その原因はクロスコネクション（飲料水系統と排水系統の誤接続）であった[★11]。この感染事故により給水の汚染防止法が検討された[★12]。

1933年に衛生・冷暖房工業会（Plumbing-Heating-Cooling Contractors, "PHCC", 前身のNAMP（National Association of Master Plumbers）は1883年に設立）が標準給排水設備基準（Standard Plumbing Code）を策定した[★11]。1940年にNBSは高層非住宅建物の給排水設備を主対象にした給排水設備マニュアル（Plumbing Manual）を制定した[★12]。このマニュアルにはフーバーコードをベースに，給水汚染防止法（吐水口空間）とハンター博士の給水・排水管径決定法（給水・排水負荷算定法，許容排水流量）が上乗せされている。

そして1955年，排水設備マニュアルの改訂版としてアメリカ規格ASA-A40.8「給排水設備基準（American Standard ASA A40.8-1955, National Plumbing Code, 以下，NPC）」が制定された[★13]。その給排水設備基準の検討委員会には7学協会が参画したが，その一つのアメリカ機械学会（American Society of Mechanical Engineers）のメンバーにNPCの解説書である名著『全国給排水設備基準ハンドブック（National Plumbing Code Handbook）』[★9]の著者，ビンセント・マナス（Vincent T. Manas）が名を連ねている。

さらに歴史は海を渡って続く。日本では給排水設備基準はなかったが，先達たちはフーバーコード，給排水設備マニュアル，NPCの存在を知っており，戦後の進駐軍施設の建設を通してNPCによる給排水設備の設計施工を実践し，優れた基準であることを認識していた。高度経済成長に伴う建設の増大を背景に給排水設備設計基準の整備が要請され，1967年にはじめての給排水設備基準である空気調和・衛生工学会規格HASS 206-1967「給排水設備規準」（現SHASE-S206-2009）が制定された[★14]。続いてHASS 206に準拠して昭和50（1975）年建設省告示第1597号「建築物に設ける飲料水の配管設備及び排水のための配管設備の構造方法を定める件」（給排水設備基準）が1975年に制

定された。日本の給排水設備設計の体系は，18世紀後半からのイギリスの開発・適用の経験を19世紀後半から格段に発展させたアメリカの知見にもとづいて，ほんの20世紀後半にようやく整えられたのである。

★1　Schleier Merill: The Skyscraper in American Art, Da Capo Press, 1986

★2　Prisco Jacopo: "A short history of the elevator". CNN Style, 2019

★3　Frank Wittendorfer: Werner von Siemens, 2019

★4　Digital History ID 3050: The Skyscraper, digital history, 2019

★5　William Beall Gray, Charles B. Ball: Plumbing; A Working Manual of American Plumbing Practice, including approved fixtures, piping systems, house drainage, and modern methods of sanitation, American Technical Society, Chicago, 1917

★6　Carrier: About Willis Carrier, Carrier, 2019

★7　坂上恭助, 鎌田元康編:基礎からわかる給排水設備, 彰国社, 2009

★8　Bureau of Standards: Recommended Minimum Requirements for Plumbing in Dwelling and Similar Building, Washington Government Printing Office, 1924

★9　Vincent T. Manas: National Plumbing Code Handbook, McGraw-Hill Book Company, 1957

★10　Roy B. Hunter: Building Materials and Structures Report BMS65, Methods of Estimating Loads in Plumbing Systems, National Bureau of Standards, 1940

★11　Bruce Rauner: 69 Years Ago in IDPH History, Illinois Department of Public Health, 2002

★12　National Bureau of Standards: Building Materials and Structures Report BMS66, Plumbing Manual, 1940

★13　American Standards Association: ASA A40.8-1955, National Plumbing Code "Minimum Requirements for Plumbing", American Society of Mechanical Engineers, 1955

★14　空気調和・衛生工学会規格HASS 206「給排水設備規準」,1967

〈ⅠⅠⅠ〉

トラップの変遷と設計基準

6. トラップの変遷

トラップの語源とルーツ

トラップ "trap" の語源をチャンバー語源辞典 (Chambers Dictionary of Etymology) で調べると，1,000年以前に "trap snare"（落とし穴）として使われ，階段，罠などの意味でも使われていた[1]。この辞典には排水用トラップの意味は挙げられていない。オンライン語源辞典には同様の記述の他に，ゲルマン祖語の "trep" から古英語の "træppe"，"treppe"，になり，"trap" になったとされ，排水管のU字断面の意味に使われるようになったのは1833年からであるとの記述がある[2]。

カミングが1775年に特許を取得した水洗便器に装着された防臭装置（排水ガス遮断装置）はSベンド（S-bend）と呼ばれていた[3]。ベンド "bend" の語源は1000年ごろの古英語に遡り，15世紀中ごろの弓を引く行為のイメージから1590年代に "bending"（曲がり），1600年に "bent shape"（曲がり形状）の意味になった[1][4]。18世紀には "bend" は曲がり形状の名称として一般的に使われており，S字状の曲がり管（bend）の成語として "S-bend" がたやすく当てられた考えられる。それから半世紀後までに "S-bend" は "S-shaped trap"（S形トラップ）とも呼ばれるようになった[5]。衛生害虫と排水ガスの通過防止（遮断）機能の点から "trap" が当てはめられたと思われる。1世紀後の1880年にトーマス・クラッパー（Thomas Crapper）が水洗便器にU形トラップ（U-shaped trap）を導入し，Uベンド（U-bend）として知られるようになった[4][5]。その間 "S-bend" と "S-shaped trap" は併用されていた。手持ちの最も古い1878年の文献（初版は1873年）には "S-trap" のみが用いられている[6]。

Ｐトラップ（P trap）は 19 世紀末までは半Ｓトラップ（half-S trap）と呼ばれていた[7]。Ｓベンド，Ｓトラップが定着しており，Ｓ字の立下り管が水平管になった形状を "half-S" と名づけ，"half-S trap" と呼ばれるようになったと思われる。20 世紀初頭になって "1/2S trap" とも呼ばれるようになり，"1/2S trap" は 1920 年代まで使われていた[8]～[12]。Ｐトラップ "P trap" に統一されたのは 1930 年代であった。ＳトラップやＰトラップのような管トラップの他に，隔壁トラップが開発された。Ｄトラップ（p.105 図 11）は 1790 年に使用されていたことが特許庁の記録から推定される[7]。水をためたトラップは水トラップ（water trap）と呼ばれていた[6][13]。トラップの水は単に水(water)[6] と呼ばれていたが，水封(water seal)[7][10][13][14][17]，トラップ封(trap seal)[15][16][17]，封（seal）[9][16][17]，液封（liquid seal）[17] と呼称されるようになった。わが国では封水（seal water）または水封（water seal）が用いられている。封水の有効高さは，封水の水面（トラップのウェア（weir））と底部の頂点（トラップのディップ（dip））との垂直高さで定義され（p.164 図 2），封水深さ（depth of seal）[9]，封（seal）[17] と呼ばれている。わが国では封水深（seal depth），排水トラップの深さ（depth of trap）が用いられている。

　排水ガス遮断装置としては，水をためるトラップの他に，最初の水洗トイレであるアジャックス（16 世紀末）の仕切弁以来，バルブが水洗便器に用いられていた(p.033 図 14，p.049 図 2)。バルブ機構等はメカニカル封（mechanical seal），そのトラップはバルブトラップ（valve trap）またはメカニカルトラップ（mechanical trap）と呼ばれ[6][13]，メカニカルトラップに統一された[14]～[16]。

　"trap" は，ドイツでは "geruchsverschluss"（臭気閉鎖装置）[17]，フランスでは "siphon"（サイホン）[18] が用いられている。"geruchsverschluss" は "siphon"，"siphon" はラテン語の "siho"，ギリシャ語の "σιφων (síphôn)" に由来している[2]。"trap" は形状・機能，"geruchsverschluss" は機能，"siphon" は形状を表しており，国民性の違いがうかがえる。

★1　Robert K. Barnhart: Chambers Dictionary of Etymology, Chambers, 2003

★2　Online Etymology Dictionary: trap, 2019

★3　Tim Harford: How the humble S-bend made modern toilets possible, BBC World Service, 2017

★4　David Mikkelson: Thomas Crapper: Inventor of the Flush Toilet?, Snopes, 2000

★5　Online Etymology Dictionary: bend, 2019

★6　Baldwin Latham: Sanitary Engineering a Guide to the Construction of Works of Sewerage and House Drainage with Tables for Facilitating the Calculation of the Engineer, E & F. N. Spon, 1878

★7　S. Stevens Hellyer: Principles and Practice of Plumbing, George Bell and Sons, 1891

★8　S. Barlow Bennett: A Manual of Technical Plumbing and Sanitary Science, B. T. Batsford, 1910

★9　J. Pickering Putnam: Plumbing and Household Sanitation, Doubleday, Page & Company, 1911

★10　E. H. Blake: Drainage & Sanitation, B. T. Batsford, 1913

★11　William Beall Gray: Gray's Plumbing Design and Installation, David Williams Company, 1916

★12　A. L. Nugey: Plumbing Design, Chemical Publishing Company, 1928

★13　William E. Hoyt, S. B.: Safety in House-Drainage, The Popular Science Monthly, Vol. 33, 1888

★14　J. Pickering Putnam: Plumbing and Household Sanitation, Doubleday, Page & Company, 1911

★15　William Beall Gray, Charles B. Ball: A Working Manual of American Plumbing Practice, American Technical Society, 1916

★16　United States of America, Department of Commerce, Bureau of Standards: Report of Subcommittee on Plumbing of The Building Code "Recommended minimum Requirement for Plumbing", United States Government Printing Office, 1929

★17　DIN 1986-100"Planung und Ausführung von Entwässerungsanlagen", 2016 Plumbing, American Society of Mechanical Engineers, 1955

★18　NF EN 1253-1"Avaloirs et siphons pour bâtiments", 2015

街路・敷地で下水ガスの悪臭を防ぐガリー

　下水道には建物の排水系統からの排水の他に道路，敷地などから雨水が流入する。その排水口をガリー（gully）という[1]。ガリーは地形用語で，降水による水の流れによって地表面が削られてできた地形をいい，雨裂ともいう[1]。ガリーはトラップと一体となっており，単にガリー（gully），道路ガリー（road gully），街路ガリー（street gully），雨水ガリー（rain-water street gully, gully），ガリートラップ（gully trap）と呼称されていた[2]～[5]。図1～6は19世紀後半から20世紀初頭のガリーである。図1の（a）の道路ガリーには掃除口（cleaning eye）が設けられ，栓が鎖についている。（b）はガリーホール（gully-hole）とも呼ばれていた。図2のマンホールガリーはターナー・クロッカーガリー（Turner-Croker gully）と呼ばれ，消臭用木炭を備えた換気口にトラップが組み合わされている。図3は街路ガリーで，（a）はロンドンの街路ガリーで二重トラップ構造になっている。（b）は阻集ガリーのニュートン街路ガリー（Newton's street gully）である。（c）は水平隔壁がついている。（d）～（f）は単純なラニング構造である。（d）はベルギーのイクセルのものである。図4は敷地ガリーで，（a）は初期の煉瓦造である。（b）～（d）は鋳鉄製で，発明・

図1　道路ガリー

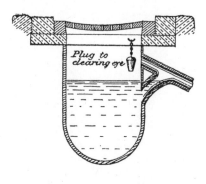

(a)道路ガリー[2]

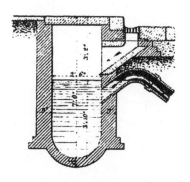

(b)ガリーホール[3]

製造者の冠名称がついている。（b）はスプケ，（c）はアメス＆クロスタ，（d）はターナー・クロッカーである。（e）の排出路は矩形になっている。（b）と（f）以外は阻集ガリーである。（g）と（h）は封水の蒸発損失を抑える構造になっている。図5は雨水立て管が接続されている。掃除口は（a）の街路雨水ガリーには流入脚側に，（b）と（d）は流出脚側についているが，（c）にはない。図6はガリートラップで，（a）はわんトラップ構造である。（b）は阻集バスケットが装着された阻集ガリーで, 悪臭トラップ（stench trap）と呼ばれていた。（c）は鋳鉄製ボトルトラップ構造である。

図2 マンホールガリー ★2

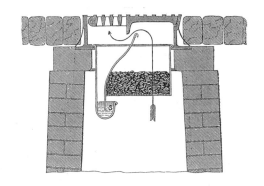

図3　街路ガリー[★2]

(a)

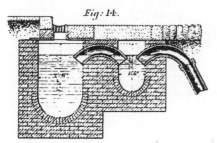

(b)

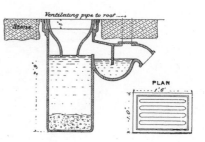

(c)

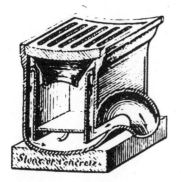

(d)

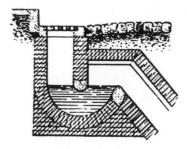

(e)

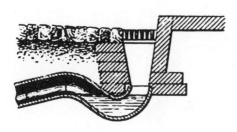

(f)

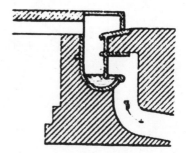

図4 敷地ガリー

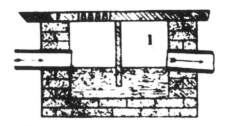

(a)★4

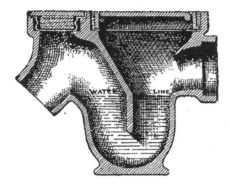

(b)★2

(c)★2

(d) ★²

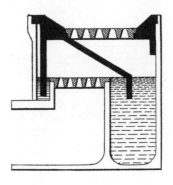

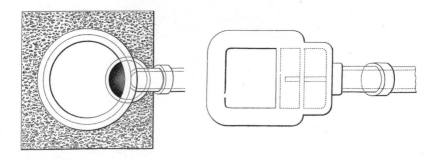

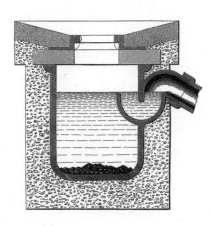

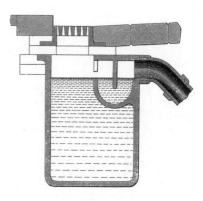

図4（つづき）

(e)★3

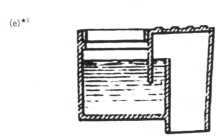

(f)★3

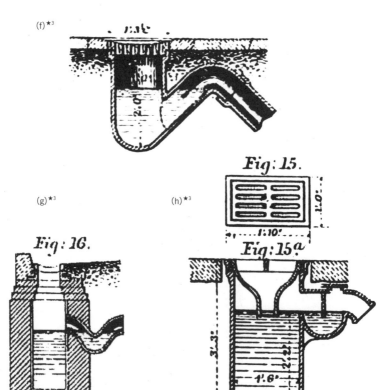

(g)★3

(h)★3

図5 雨水ガリー

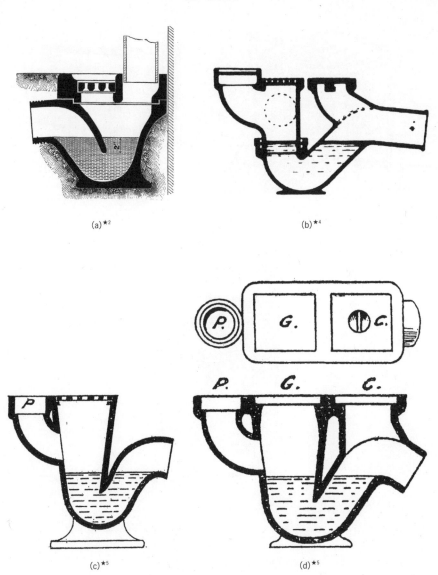

(a)★2

(b)★4

(c)★5

(d)★5

図6 ガリートラップ

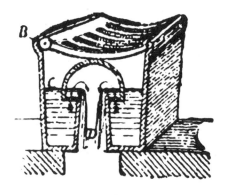

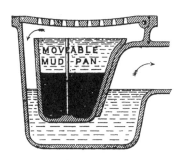

(a)★3

(b)★2

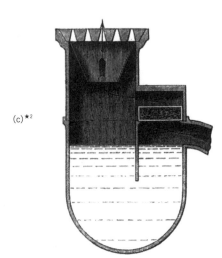

(c)★2

★1 S. Barlow Bennett: A Manual of Technical Plumbing and Sanitary Science, B. T. Batsford, 1910

★2 Baldwin d. Latham: Sanitary Engineering a Guide to the Construction of Works of Sewerage and House Drainage with Tables for Facilitating the Calculation of the Engineer, E & F. N. Spon, London, 1873

★3 J. Pickering Putnam: Plumbing and Household Sanitation, Doubleday, Page & Company, 1911

★4 S Barlow Bennett: A Manual of Technical Plumbing and Sanitary Science, B. T. Batsford, 1910

★5 E. H. Blake: Drainage & Sanitation, Dd.4, B. T. Batsford, 1913

各種トラップの萌芽─19世紀後半

屋外の排水にはガリーが用いられ，屋内の洗面器・流し等の器具には器具トラップ（fixture trap），浴室等の床排水には床排水トラップ（floor drain trap）が用いられた。器具トラップはホッパー便器にも使われ（p.053図6），床排水トラップは小便器排水にも使われた★1。

図7　管トラップ(一品生産品)★2

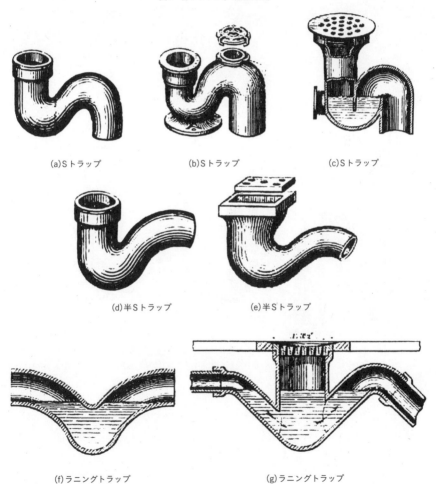

(a)Sトラップ　　　　　(b)Sトラップ　　　　　(c)Sトラップ

(d)半Sトラップ　　　　(e)半Sトラップ

(f)ラニングトラップ　　　(g)ラニングトラップ

図7と図8は一品生産品の鉛製管トラップで，前者のほうが古い。トラップの掃除口は図7の（b）ではトラップウェアの頂点であるクラウン（crown）についているが，図7の（a）と（c）では底部についている。Ｐトラップは，最初は半Ｓトラップと呼ばれ（図8（d）），次に半ＳトラップとＰトラップの名称が併用され（図8の（b）（c）），20世紀前半にＰトラップの単独名称となった。管トラップはサイホントラップ（siphon trap, siphon water trap）とも呼ばれ，自掃性に優れたトラップとされていた[★3]。より自掃性の優れたトラップも開発された。図9はブッチャン（W.P Buchan）が1885年に特許を取得したサイ

図8　管トラップ[★3]

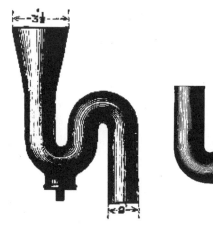

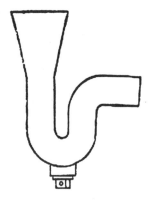

(a)Ｓトラップ　　　　(b)半Ｓトラップ (Ｐトラップ)　　　(c)半Ｓトラップ (Ｐトラップ)

図9　サイホントラップ(1885)[★3]

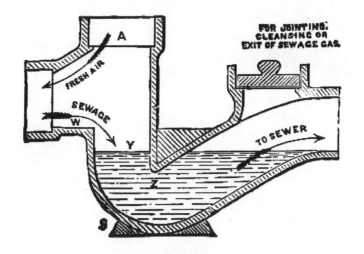

ホントラップである★4。

　図10と図11は鉛製隔壁トラップで箱トラップ（box trap），ボトルトラップ，ポットトラップ，ダブルトラップ（double trap），Dトラップ（D-trap），非Dトラップ（anti-D trap）である。図12は古いDトラップで，ガチョウトラップ（goose trap）と呼ばれていた。Dトラップは多用されていたが，自掃性は

図10　隔壁トラップ(一品生産品)★2

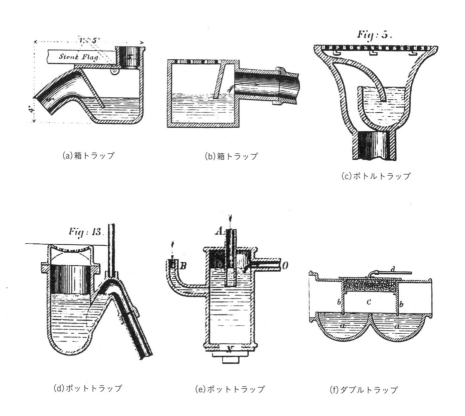

(a)箱トラップ　　　　　　　(b)箱トラップ

(c)ボトルトラップ

(d)ポットトラップ　　　　(e)ポットトラップ　　　　(f)ダブルトラップ

まったくなかった[★2][★3]。そのため図 13 のように腐食して劣化した。D トラップの自掃性の改善として非 D トラップ（図 11 の (c)(d)）が製作された。図 14 はバナー(G. Banner)が 1875 年に特許を取得したバランストラップ(balance trap) である。器具からの排水がバスケットにたまると下降して排水は落下し，排水が終了すれば重りの作用によって元に戻る構造になっている[★2]。

図11　隔壁トラップ[★3]

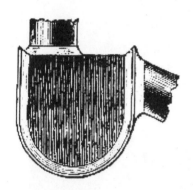

(a)Dトラップ

(b)Dトラップ

(c)非Dトラップ

(d)非Dトラップ

図12　Dトラップ（ガチョウトラップ）[★5]

図13　腐食・劣化したDトラップ[★6]

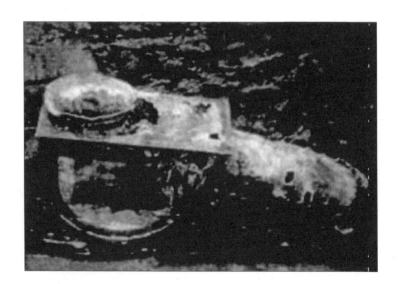

図14　バランストラップ (1875)[2]

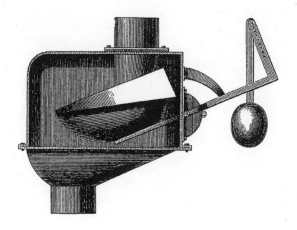

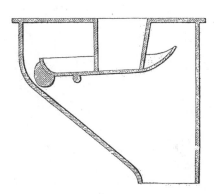

★1　A. L. Nugey: Plumbing Design, Chemical Publish Company, 1928

★2　Baldwin Latham: Sanitary Engineering a Guide to the Construction of Works of Sewerage and House Drainage with Tables for Facilitating the Calculation of the Engineer, E & F. N. Spon, London, 1873

★3　S. Stevens Hellyer: Principles and Practice of Plumbing, George Bell and Sons, London, 1891

★4　Scotland's Brick Manufacturing Industry: William Paton Buchan, Sanitary Engineer, Glasgow, 2016

★5　J. Pickering Putnam: Plumbing and Household Sanitation, Doubleday, Page & Company, 1911

★6　S. Barlow Bennett: A Manual of Technical Plumbing and Sanitary Science, B. T. Batsford, 1910

メカニカルトラップ百花繚乱──20世紀初頭

　トラップの排水ガス遮断機構は水封（water seal）とメカニカルシール（mechanical seal）に大別される[1]。水封のトラップを水封トラップといい，管を凹状にして水封した管トラップ（round pipe trap, pipe trap）と仕切り（隔壁, partition）で水封した隔壁トラップに分けられる[1～3]。メカニカルシールのトラップをメカニカルトラップ（mechanical trap）といい，さまざまな構造のものがある[1][2]。

　器具トラップとしては図15のSトラップ（S trap），半Sトラップ（1/2 S

図15　器具トラップの基本タイプ[3]

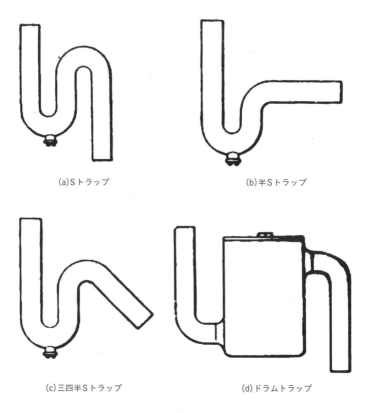

(a)Sトラップ　　　　　　　　　　　　(b)半Sトラップ

(c)三四半Sトラップ　　　　　　　　　(d)ドラムトラップ

trap, P trap), 三四半Sトラップ（3/4 S trap, J trap），ドラムトラップ（drum
trap）の4種類の基本形状が一般化した[★3]。管トラップ（round pipe trap）に
は変形のものがあった（図16）。(c) の発展形がトラップの流入出口が垂直
線にそろっている袋トラップ（bag trap）である（図17）。そして図18の完

図16　変形管トラップ[★4]

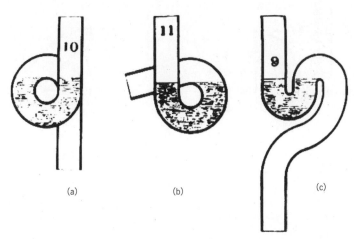

(a)   (b)   (c)

図17　袋トラップ[★5]

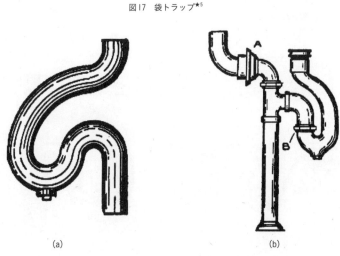

(a)   (b)

全Sトラップ（full S trap），三四半Sトラップ，半Sトラップ（1/2 S trap, P trap），ラニングトラップ（running trap），ラニングYトラップ（running-Y trap），袋トラップ（bag trap）の6種類に整理され，図19のSトラップ，

図18　管トラップの種類[6]

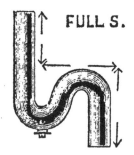 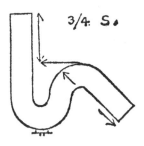

(a)完全Sトラップ　　　　　　　(b)三四半Sトラップ

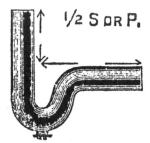 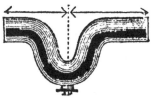

(c)半Sトラップ　　　　　　　(d)ラニングトラップ

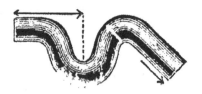 

(e)ラニングYトラップ　　　　　　　(f)袋トラップ

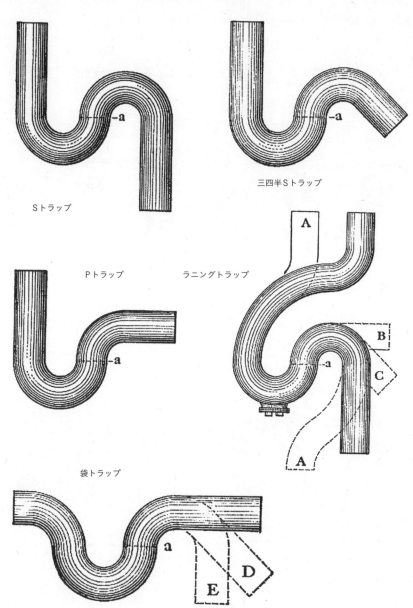

図19　管トラップの標準種類[★2]

Sトラップ

三四半Sトラップ

Pトラップ　　　ラニングトラップ

袋トラップ

三四半Ｓトラップ，Ｐトラップ，ラニングトラップ，袋トラップの５種類に標準化された[2][6]。敷地排水や床排水には図20〜22のような底部が扁平形状のトラップが一般に用いられた。

　管トラップの次に隔壁トラップが登場した。図23は19世紀前半から用い

図20　敷地トラップ[6]

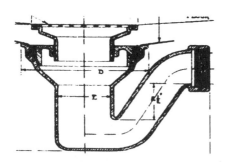

図21　床排水トラップ(シャワー室)[6]

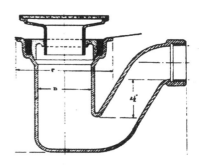

図22　床排水トラップ(小便用)[6]

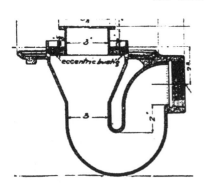

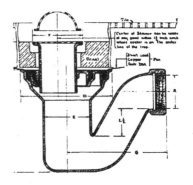

られていたDトラップである。(a) が典型的なDトラップである。(b) と (c)
は外形はD形であるが，内部は管トラップである。(d) にはドラムトラップ
(drum trap) の名称が使われていることから，Dトラップの"D"はD形状と
"drum"の名称からきた略称と思われる。(d) のドラムトラップは器具トラッ

図23　Dトラップ

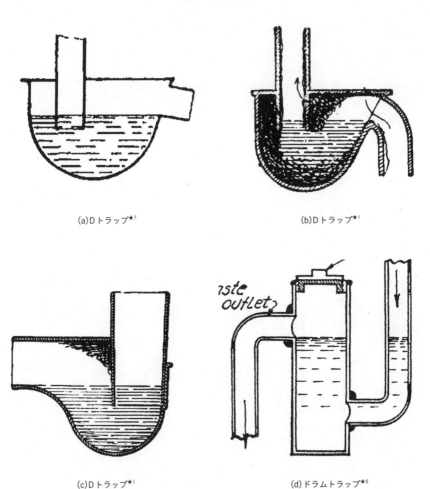

(a)Dトラップ★7

(b)Dトラップ★1

(c)Dトラップ★1

(d)ドラムトラップ★5

プに用いられ，非サイホントラップ（non-siphoning trap）に属していた[5]。
図24はわん・逆わんトラップ（bell trap）である。(a) は19世紀中ごろの
もので，わん形ガリー（図6 (a)）にも転用された。(b) は雑物の付着状態が
示されている。(c) (d) は20世紀初頭のもので，(d) は逆わんトラップであ
る。図25は浴室の床排水に用いられたリップトラップ（lip trap）である。(a)

図24　わん・逆わんトラップ

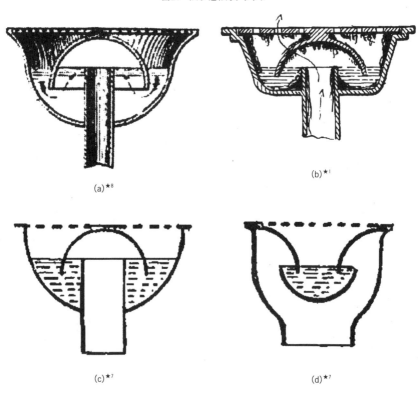

(a) [8]

(b) [1]

(c) [7]

(d) [7]

図25　リップトラップ

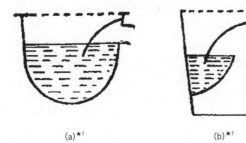

(a)★7 (b)★7

図26　フラスコトラップ

(a) リップトラップ★7

(b) フラスコトラップ★5

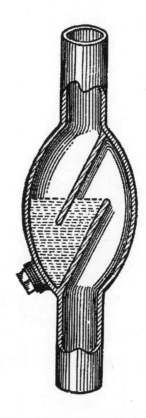

(c) フラスコトラップ★2

は横排出タイプ，（b）は下排出タイプである。図26は器具トラップのフラスコトラップ（flask trap）で，トラップ流出入口が垂直線にそろっている。（a）はリップトラップとも呼ばれ，（b）はアトラス（Atlas）と名付けられていた。（c）はコンパクトな形状である。図27はポットトラップ（pot trap）である。（a）

図27　ポットトラップ

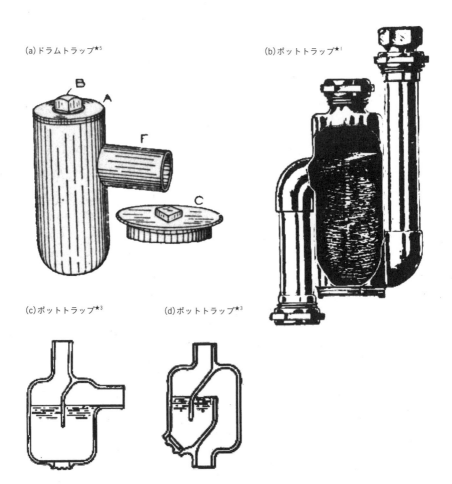

(a)ドラムトラップ★5

(b)ポットトラップ★1

(c)ポットトラップ★3

(d)ポットトラップ★3

はドラムトラップとも呼ばれていた。(b)には雑物の残留状態が示されている。(c)は横排出タイプ, (d)は下排出タイプである。図28 はボトルトラップ(bottle trap)である。(a)には雑物の残留状態が示されている。(b)は標準形であり ,(c)は球トラップ(globe trap)とも呼ばれていた。図29 もボトルトラップであるが,

図28　ボトルトラップ

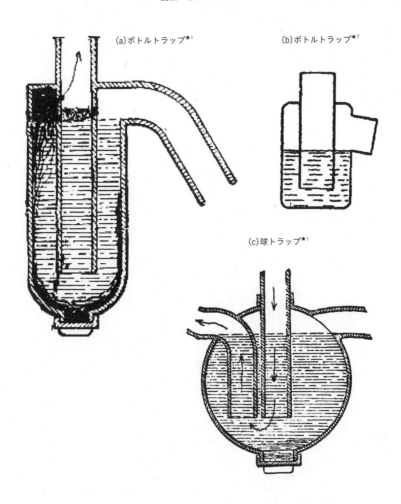

(a)ボトルトラップ[★1]

(b)ボトルトラップ[★7]

(c)球トラップ[★1]

流出脚の上部が開いているオープン隔壁（open wall）になっている。(a)～(c)、
(e) は下排出タイプ、(d) は横排出タイプ、(f) は扁平な横排出タイプである。

　管トラップはサイホントラップと呼ばれ、流れ抵抗が小さいので自掃性
は優れているが、自己サイホン作用（siphonage, siphonic action, ordinary
siphonage, self siphonage）が生じて封水損失が大きくなる。隔壁トラップの

図29　ボトルトラップ（オープン隔壁）

(a)★¹

(b)★³

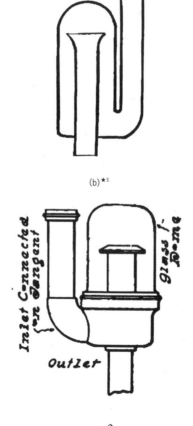

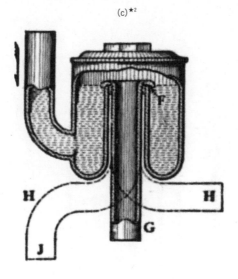

H   **H**

J   **G**

(d) ★5

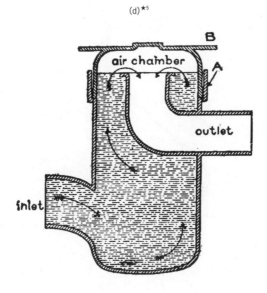

B

air chamber

A

outlet

inlet

(e)★⁵

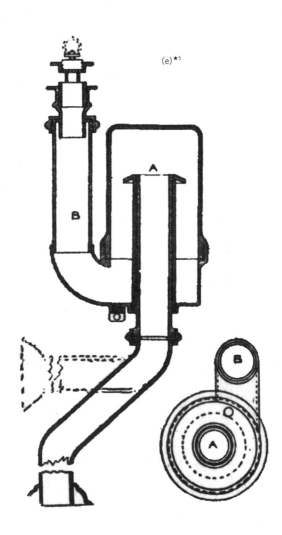

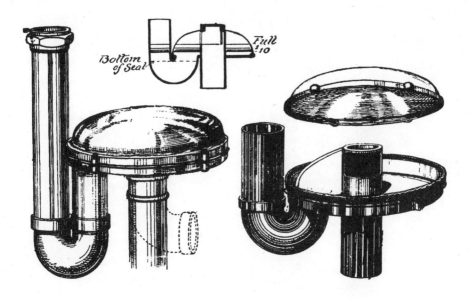

Bottom of Seal

Full ¹⁄₁₀

ように流れ方向が急激に変化し，流路断面積の変化が大きいものは流れ抵抗が大きくなり，自己サイホン作用は弱まる。しかし自掃性は劣る。トラップの流入封水部を流入脚（inlet leg），流出封水部を流出脚（outlet leg）といい，流出脚断面積に対する流入脚断面積の比を脚断面積比という[10]。脚断面積比が1.0より大きい場合（流入脚断面積より流出脚断面積が大きい場合），流出脚内が非満流になるので，自己サイホン現象が弱まる。なお，1.0より大きい脚断面積比のトラップは誘導サイホン作用による封水損失が少なくなる[10]。自

図30　非サイホントラップ（器具トラップ用）

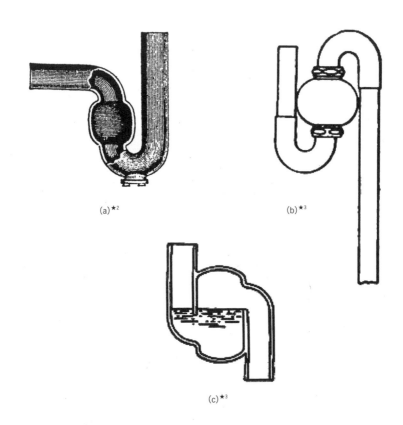

(a)[2]

(b)[3]

(c)[3]

己サイホン作用が弱まるような封水構造の非サイホントラップ（non-siphon trap）が次々に開発された（図30）。(a)～(f)は脚断面積比が1.0より大きい。(a)と(b)は管トラップ，(c)～(h)は隔壁トラップである。(c)はドラムトラップであり，(g)と(h)は流出脚が二重になっており，自己サイホン作用と誘導サイホン作用の防止性能は優れているが，自掃性は劣ると考えられる。(i)は管トラップであるが，流出部が開放接続になっているので自己サイホン作用は生じない。(j)と(k)はカタツムリのような特殊な流路，(l)は

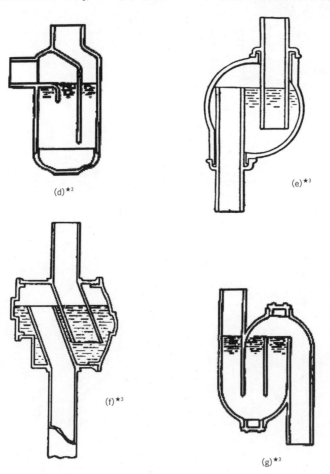

(d)[*3]

(e)[*3]

(f)[*3]

(g)[*3]

水平回転する流路であり, (m) ～ (o) は流れが垂直回転するようになっており, いずれも自己サイホン作用は弱まると考えられる。(j)はサニタス(Sanitas)と呼ばれていた。図31は床排水用非サイホントラップで, (a)は脚断面積が1.0より大きく, (b) は二重トラップ構造になっている。

図30 (つづき)

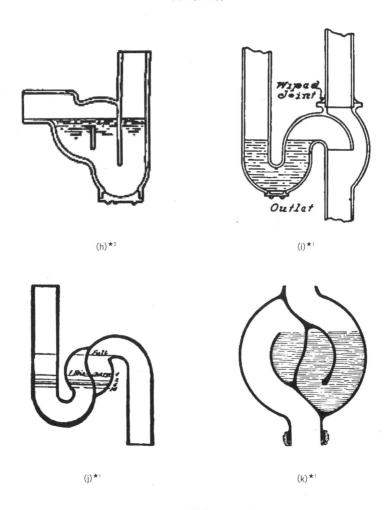

(h)★³

(i)★¹

(j)★¹

(k)★¹

124

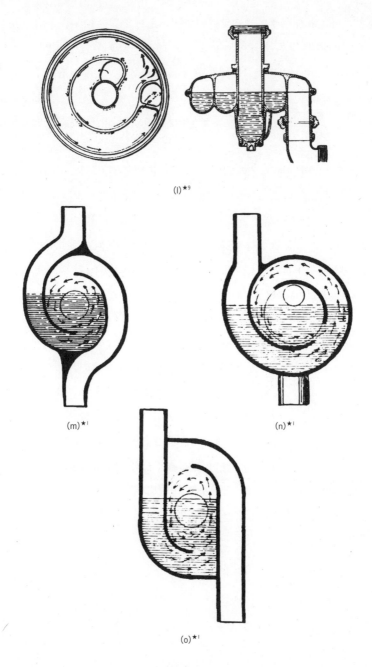

(l) ★9

(m) ★1

(n) ★1

(o) ★1

メカニカルトラップにはヒンジ弁を用いたヒンジ弁トラップ（hinged-valve trap）と可動球を用いたボールトラップ（ball trap）がある。ボールトラップには浮上して封止するゴム製浮き球（floating ball）を用いるタイプと沈下して封止する金属製沈み球（sinking ball）を用いるタイプがあった。その他，隔壁を用いたメカニカルトラップ，敷地排水用の逆止弁（逆流防止弁）を組み込んだトラップもあった。

図32はヒンジ弁トラップで，(a) はポットトラップタイプ，(b) はPトラップタイプ（流出脚端にヒンジ弁の装着），(c) はボトルトラップタイプである。図33はヒンジ弁の建物トラップである。図34は浮き球タイプのボールトラップである。(a)(b)(c) は下排出，(d) は横排出である。図35は沈み球タイプのボールトラップである。(a)(b)(d)(e)(f) は下排出，(c) は横排出である。(h) と (i) は封水部も球形である。沈み球が (g) と (i) は上下に，(j) は横に，(l) は斜めに動くことが示されている。(k) と (m) の沈み球は二重構造になっているように見えるが，定かではない。図36は回転弁を用いた浴槽排水用メカニカルトラップである。(a) は回転の動き，(b) はカバーの装着状態が示されている。図37は敷地排水用トラップで，(b) は逆流防止弁のついたメカニカルトラップである。逆止弁が組み込まれた建物トラップである。

トラップに組み合わせる通気弁も開発されていた。図38はマクレラン博士（Dr. F. S. McClellan）が1886年ごろに特許を取得した非サイホン通気弁（anti-syphon trap-vent）で，トラップの流出脚側に設置する。水銀が封入されており，空気の流出入ができるとされているが，詳細は判明しない。

図31　床排水用非サイホントラップ[★3][★4]

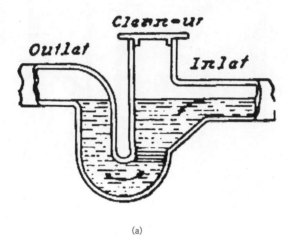

(a)

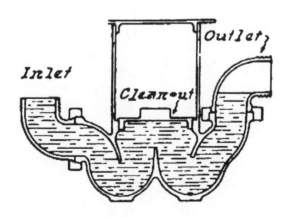

(b)

図32 ヒンジ弁トラップ[*1]

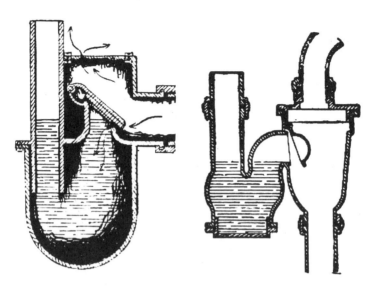

(a)ポットトラップ　　　　　　　　　　　(b)流出脚Pトラップ

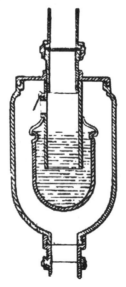

(c)ボトルトラップ

図33　ヒンジ弁建物トラップ（ヒンジ弁）★⁴

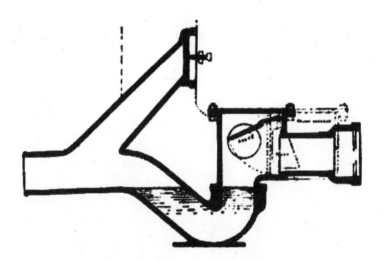

図34　ボールトラップ（浮き球タイプ）

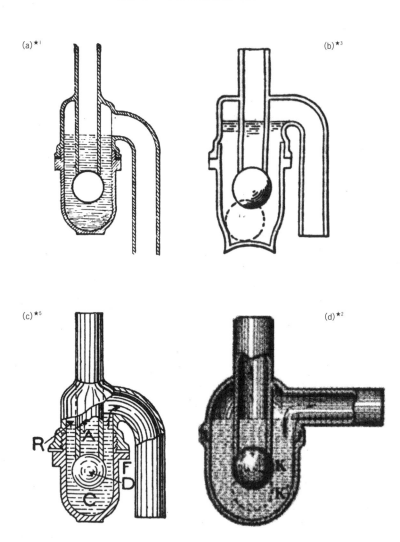

図35　ボールトラップ(沈み球タイプ)

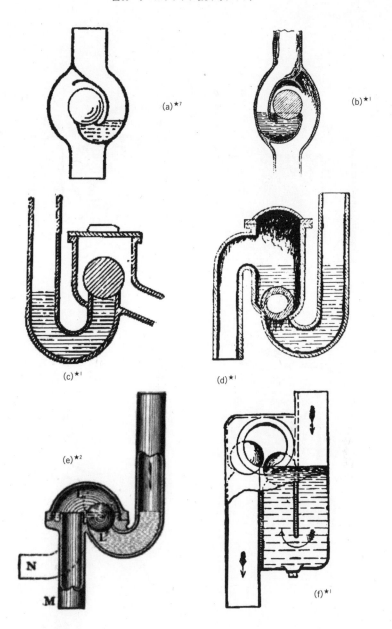

(a)★7

(b)★1

(c)★1

(d)★1

(e)★2

(f)★1

N

M

図35（つづき）

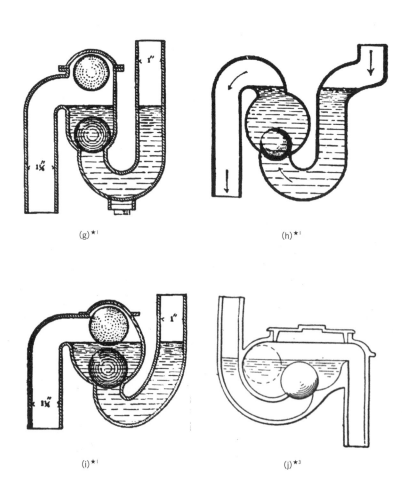

(g)★¹

(h)★¹

(i)★¹

(j)★³

132

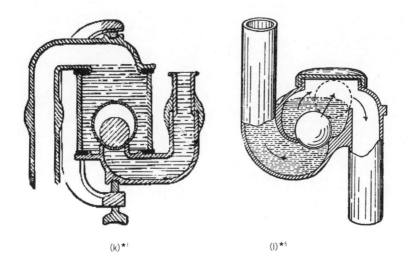

(k)★1   (l)★5

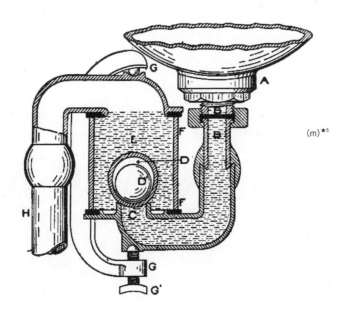

(m)★5

図36　浴槽排水用メカニカルトラップ(回転弁)

(a)[2]

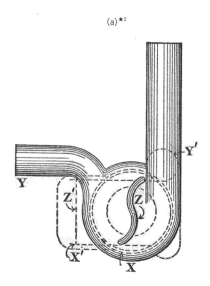

(b)[1]

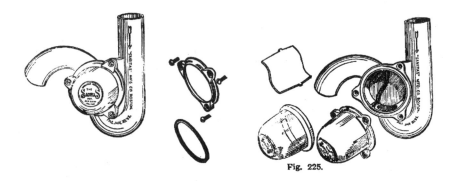

Fig. 225.

図37 敷地排水用トラップ[★6]

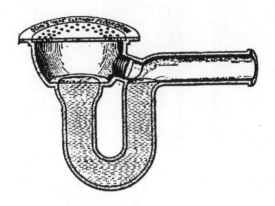

(a)逆瘤流防止弁なし

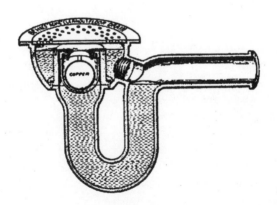

(b)逆瘤流防止弁付

図38　通気弁(19世紀末)★9

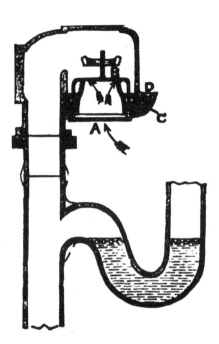

★1　J. Pickering Putnam: Plumbing and Household Sanitation, Doubleday, Page & Company, 1911

★2　William Beall Gray: Gray's Plumbing Design and Installation, David Williams Company, 1916

★3　R. M. Starbuck: Standard Practical Plumbing, The Norman W. Henley Publishing Company, 1910

★4　S Barlow Bennett: A Manual of Technical Plumbing and Sanitary Science, B. T. Batsford, 1910

★5　William Beall Gray, Charles B. Ball, PLUMBING：A Working Manual of American Plumbing Practice, including approved fixtures, piping systems, house drainage, and modern methods of sanitation,　American Technical Society, 1916

★6　A. L. Nugey: Plumbing Design–A Practical Handbook for Architects, Designers, Draftsman, Plumbers and Students, Chemical Publish Company, 1928

★7　E. H. Blake: Drainage & Sanitation, Ed.4, B. T. Batsford, 1913

★8　Baldwin Latham: Sanitary Engineering a Guide to the Construction of Works of Sewerage and House Drainage with Tables for Facilitating the Calculation of the Engineer, E & F. N. Spon, 1878

★9　S. Stevens Hellyer: Principles and Practice of Plumbing, Publisher George Bell and Sons, 1891

★10　坂上恭助・鎌田元康編：基礎からわかる給排水設備, 彰国社, 2009

破封とトラップ構造・性能 ── アメリカでの管トラップ標準化

　水封トラップの排水ガス遮断機能が認知され，19世紀により強固な方法として2個の水封トラップを排水管に直列に設けることも試みられた（図39）。しかしこの二重トラップ（double trapping）は排水の流れが悪くなり，サイホン作用も発生することが知られ，回避されるようになった[1][2]。以降，二重トラップの禁止が踏襲された。

　水封トラップの封水は器具排水の最後部がトラップに残留したものであり，排水ごとに置き換わる。器具の水使用には流し洗いとため洗いの2形態がある。流し洗いの場合は吐水している水が直接排水になり，器具排水管（トラップに接続している排水管）は継続的な満流にはならず，サイホン現象は生じない。浴槽，流し，洗面器などでのため洗いの場合は，排水流量は多く，器具排水管は継続して満流となり，サイホン現象が生じる。サイホン現象が生じると，排水は勢いよく流れ，その最後部のほとんどがトラップから流出し，残留する排水（封水）は少なくなる。このような少封水現象を自己サイホン作用（self siphonage, self-siphonage）という。トラップ内に残留している封水は，器具

図39　二重トラップ配管[1]

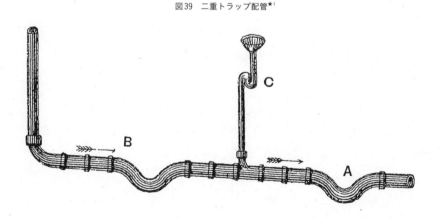

の水使用がなければ排水が流れてこないので，蒸発により損失する。水使用がない状態が長期になれば，封水損失して排水管内の空気（排水ガス）が通過する。この状態を破封（seal break）という。封水損失の原因としては，蒸発の他に，排水の流下に伴って排水管（おもに排水立て管）内に発生する空気圧力変動に封水が応答して振動し，損失する現象がある。負圧が主の管内圧力（排水管内空気圧力）の場合，封水は排水管に誘引されて損失する。正圧が主の管内圧力の場合，封水は器具側に吹き出す。いずれの場合も封水は振動するので，封水損失が生じる。管内圧力による封水損失現象を誘導サイホン作用（induced siphonage）という。なお，正圧による封水の吹き出しを吹き出し現象ともいう。その他，毛細管現象，突風，トラップの破損の構造欠陥が封水損失の原因としてあげられていた。

19世紀後半，イギリスでは，破封現象（封水損失現象）として，❶蒸発（evaporation），❷排水立て管の排水流下に伴って生じる負圧に起因する封水損失，❸器具のため洗い排水に伴うサイホン現象による封水損失，❹下水管・排水横主管からの背圧（back pressure）による封水の吹き出しによる封水損失が知られていた[1][2]。❸の現象はサイホンアウト（siphoned out）と呼ばれていた[2]。❷は誘導サイホン作用，❸は自己サイホン作用である。❹は誘導サイホン作用であるが，吹き出し現象ともいわれる。管内圧力を緩和して誘導サイホン作用による破封を防止するため，排水管内の空気の流通を確保するための通気管が設けられた。図40のトラップ試験装置を用いて通気管の有効性が確認された。

アメリカでは，破封原因として ❶蒸発，❷サイホン作用（siphonage），❸慣性（momentum），❹背圧（back pressure），❺毛細管現象（capillary attraction），❻突風（gusts of wind）があげられていた[3]。❷サイホン作用と❹背圧は誘導サイホン作用，❸慣性は自己サイホン作用である。❺の毛細管現象は，図41（a）のように，Sトラップのウェア（流出脚の末端部）に排水に

図40 トラップ実験装置(イギリス, 19世紀後半)[1][2]

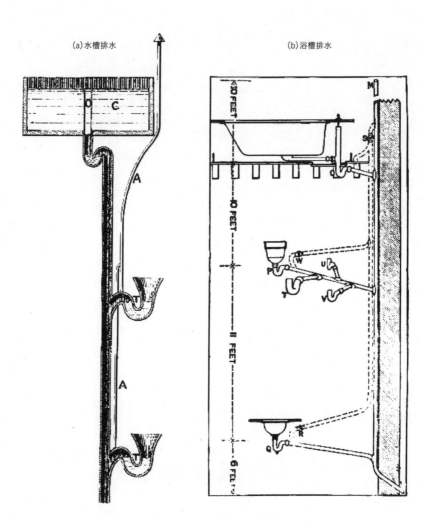

(a)水槽排水 (b)浴槽排水

混入している糸くずがまたがって引っかかったときに生じる現象である。当時のトラップの内面は平滑ではなかったので，引っかかるケースがあったと想像される。❻の突風は，屋外の排水口（トラップの流入脚側）に突風が当たり，その風圧で封水が排水管側に押し出されて損失するケースを想定したものであった。

ボストン市衛生局(Boston City Board of Health)はマサチューセッツ工科大学(MIT)の協力を得て，破封現象の解明とトラップの性能評価を行った[3][4]。サイホン作用と蒸発に関する報告書が1883年と1884年に作成された[3]。管トラップはもとより，イギリスで多用されていたDトラップとアメリカで多用されていたポットトラップなどの隔壁トラップを対象に，図42のトラップ試験装置を用いた誘導サイホン作用に関する試験や毛細管現象に関する実験（図41（b））が実施された[3]。

20世紀初頭には，❶蒸発，❷誤った通気管，❸下水管側圧力，❹毛細管現象(capillary force)，❺隔壁の漏れ，❻通気管の破損が破封の原因とされていた[5]。

図41　毛細管現象による封水損失

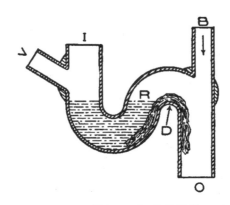

(a)Sトラップの毛細管現象[4]

(b)毛細管現象の実験[★3]

図42　トラップ試験装置(アメリカ, 20世紀初頭)[★3]

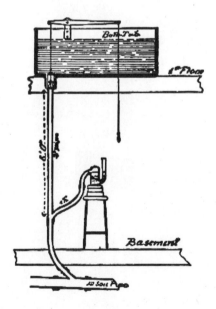

図43 隔壁トラップのもれ^{★5}

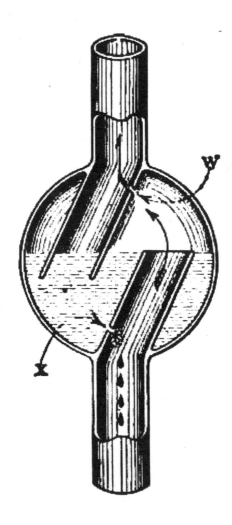

❺隔壁のもれは図 43 のように，隔壁のウェア（図中の W）におけるもれにより排水管の排水ガスが直接に排水口側に通過する状態，隔壁のディップ（図中の X）における漏れにより封水が排水管に漏水して封水深が損失する状態が想定されている。❻通気管の破損は，誘導サイホン作用の防止に役立たなくなることを意味しているが，直接的なトラップの破封原因ではない。少封水現象の自己サイホン作用，封水損失現象の蒸発と誘導サイホン作用は破封原因現象であり，隔壁のもれ，通気管の破損は破封原因構造である。また，代表的な破封原因として❶蒸発，❷サイホン作用，❸慣性があげられていた[*4][*6]。

トラップの構造はトラップの性能と密接に関係している。トラップの基本性能としては自掃性（self-cleansing）と封水保持性能が検討されてきた。自掃性はトラップを排水が流れるとき，排水混入物の汚雑物をトラップ外に流出させ，トラップ内に残留させないようにする性能である。自掃性の観点から，D トラップ，ポットトラップなどは不適とされた[*4][*6]。また，メカニカルトラップの可動部は故障が多く，不適とされた[*6]。トラップの適正な構造は，❶自掃性があり，❷形状が単純であり，❸角度・コア・空洞がなく，❹耐腐食性材料でつくられ，❺容易に接続できるものとされた[*6]。アメリカではこの適正構造が主流となり，隔壁トラップやメカニカルトラップは排除され，管トラップとドラムトラップが推奨されるようになった。台所流しや床排水に一般的であったわんトラップは隔壁・可動構造であるので，排除されるようになった。ドラムトラップは，自掃性は劣るが，掃除が容易な構造となっている。厨房や台所流しの排水には液状の油脂（グリース）が混入する。グリースは凝固しながら排水管内壁に付着・堆積し，排水不良となる。グリースを阻集するグリーストラップ（grease trap）はドラムトラップの基本構造から 3 槽構造のグリース阻集器（grease interceptor）に特化していった。自掃性の優れた管トラップにしても，その底部には汚雑物や異物が停滞することがある。そこで，トラップには停滞物を除去するために開口できる掃除口（clean out），掃除栓（clean plug）が装着されるようになった。かくしてトラップの構造的問題は管トラップを標準とすることによって決着した。トラップの封水損失・破封現象である蒸発，自己サイホン作用，誘導サイホン作用については，多くの実験にもとづいて，次のような対策が講じられた。なお，毛細管現象，突風，振動は希少現象であることから，対策はとくに検討されなかった。

　蒸発についてはすでにトラップの封水深（seal depth）の寸法が検討されていた。蒸発損失を考慮し，19世紀後半のイギリスでは3.8cmまたは5.1cm以上とされていた[★2]。アメリカでは10.2cmとされていた[★9]。19世紀末から20世紀初頭のアメリカでは蒸発に関する実験が多くなされ，蒸発損失水位は0.36〜2.22cm/日の範囲にあり，平均0.36cm/日であったとまとめられている[★3]。5.1cmの封水深のトラップが満水状態であれば，14.4日間で破封することになる。ボストン市衛生局は2週間ごとにトラップに補水することを推奨していた[★3]。蒸発破封については，適当な封水深を規定すること以外の技術的対策は講じられず，トラップへの補水は使用者にゆだねられることになった。封水深として，器具トラップ以外の敷地排水トラップは10.2cm，雨水ガリートラップは5.1cmとし，床排水・シャワー床排水トラップは6.4cm，ストール小便器は5.1cmまたは6.4cmが一般に採用された[★7]。

　誘導サイホン作用の防止に有効な通気管は，満流排水で生じる自己サイホン作用の防止にも有効であることが確認された（図44）。その通気管は背部通気管（back vent）と呼ばれ，クラウンに設けられたので頂部通気管（crown vent）とも呼ばれるようになった[★8]。しかし頂部通気管は図45に示すように雑物の付着・詰まりが起こりやすく，蒸発が助長されやすいことから回避されるようになり，器具排水管に設けられるようになった[★3★5★7]。背部通気管はサイホン防止管（anti-siphonage pipe）とも呼ばれた[★6]。無通気の器具排水管の管長は自己サイホン作用の防止のために短くすることが推奨された[★4★7]。

　誘導サイホン作用の防止については各個通気管・通気横枝管・通気立て管・

伸頂通気管から構成される各個通気方式の配管法が建物ごとに適用された[★9]。

1921年，アメリカ商務省標準局は建築基準委員会に給排水設備小委員会を設け，給排水設備設計基準の策定に取りかかった。所員のハンター博士をリーダーとして標準局とハーバード大学でトラップの性能試験，自己サイホン作用に関する器具排水配管実験，排水立て管の排水流下実験，通気配管に関する排水実験が精力的に実施された。その他，給排水負荷算定法，給排水管径決定法などの設計法が検討された。その成果は1924年に報告書としてまとめられ，1928年にその改訂版として「給排水設備推奨最小要件（Recommended minimum Requirements for Plumbing）」（以下，最小要件）が刊行された[★10]。トラップ関連の要点は次のとおりである。

トラップには複雑な機構のものは排除し，❶通気された簡素トラップ（plain trap）を用いる。❷器具トラップ（fixture trap）の口径は器具用途別に3.8〜7.6cmとする。器具トラップの最小封水深は5.1cmとし，❸封水損失は2.5cm以下とする。❹予期しない衝撃，蒸発，毛細管現象による損失，風圧による振動に対する安全対策を講じる。器具トラップは底部に雑物が堆積し，グリースが付着し，細菌が増殖する可能性があり，排水がされないときはその汚れから悪臭が発生する。汚れの程度は封水深が深くなるほど大きくなる。封水深が15.2〜17.8cmのトラップが多用されているが，そのような深トラップは好ま

表1　自己サイホン作用に安全な器具排水横管の許容管長[★10]

トラップの封水深	器具排水横管の管長		
	洗面器排水管の勾配1/49〜1/303	広底面器具排水管の管長	
		勾配1/49	勾配1/303
5.1cm	1.22m	1.22m	2.44m
7.6cm	1.83m	1.83m	3.66m
10.2cm	2.44m	2.44m	4.88m

しくない。❺最小封水深は 5.1cm，最大封水深は 10.2cm を標準とする。❻自己サイホン作用に対して安全な器具排水横管の許容管長は表 1 とする。

　この小委員会報告書は改訂されて 1928 年にフーバーコード（Hoover Code）になり，1955 年のアメリカ規格 ASA-A40.8「給排水設備基準（American Standard ASA-A40.8-1955, National Plumbing Code)」につながり，さらに 1967 年の日本の給排水設備基準：空気調和・衛生工学会規格 HASS 206-1967「給排水設備規準」（現 SHASE-S 206-2009）に継承された[11]〜[13]。

図44　頂部通気管の自己サイホン作用防止効果*4

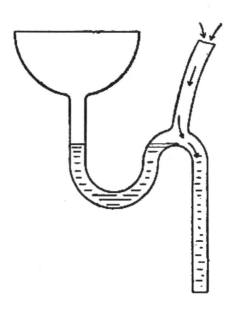

146

図45 頂部通気管の詰まり

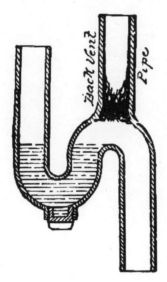

(a)雑物の詰まり★³

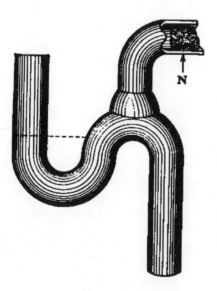

(b)雑物の付着★⁵

★1 Baldwin Latham: Sanitary Engineering a Guide to the Construction of Works of Sewerage and House Drainage with Tables for Facilitating the Calculation of the Engineer, E & F. N. Spon, London, 1873

★2 S. Stevens Hellyer: Principles and Practice of Plumbing, Publisher George Bell and Sons, 1891

★3 J. Pickering Putnam: Plumbing and Household Sanitation, Doubleday, Page & Company, 1911

★4 William Beall Gray, Charles B. Ball: PLUMBING：A Working Manual of American Plumbing Practice, including approved fixtures, piping systems, house drainage, and modern methods of sanitation, American Technical Society, 1917

★5 William Beall Gray: Gray's Plumbing Design and Installation, David Williams Company, 1916

★6 E. H. Blake: Drainage & Sanitation, B. T. Batsford, 1913

★7 A. L. Nugey: Plumbing Design-A Practical Handbook for Architects, Designers, Draftsman, Plumbers and Students, Chemical Publish Company, 1928

★8 William E. HOIT: Safety in House-Drainage, Popular Science Monthly, Vol. 33, 1888,

★9 George B. Clow: Practical up-to-Date Plumbing, Frederick J. Drake & Co, 1914

★10 United States of America, Department of Commerce, Bureau of Standards: Report of Subcommittee on Plumbing of The Building Code "Recommended Minimum Requirements for Plumbing", United States Government Printing Office, 1929

★11 National Bureau of Standards: Building Materials and Structures Report BMS66, Plumbing Manual, 1940

★12 American Standards Association: ASA A40.8-1955, National Plumbing Code "Minimum Requirements for Plumbing", American Society of Mechanical Engineers, 1955

★13 空気調和・衛生工学会規格HASS 206「給排水設備規準」, 1968

7. 給排水設備基準のトラップ

NPC —— 最高峰基準

アメリカの国家的な給排水設備基準（Plumbing Code）は 1924 年の最小要件 [1] にはじまり，その改訂版が 1928 年のフーバーコード [2] になり，最終的に 1955 年の給排水設備基準（American Standerd, ASA-A40.8-1955 National Plumbing Code）[3] になった。この NPC に準拠して東部地域の国際給排水設備基準（International Plumbing Code [4], 以下，IPC），西部地域のユニホーム給排水設備基準（Uniform Plumbing Code [5], 以下，UPC）が現在採用されている。NPC の標準解説書として，NPC の検討委員会のメンバーであったビンセント・マナスの全国給排水設備基準ハンドブック（National Plumbing Code Handbook [6], 以下，ハンドブック）が汎用されている。

NPC のトラップに関する主な規定は次のとおりである。なお，IPC, UPC ともにトラップ規定は NPC とほぼ同じである [4][5]。

❶ トラップのタイプ：隔壁および可動部がない。自掃性がある。一様な内部と滑らかな通水路である。

❷ 禁止トラップ（prohibited traps）：可動部（movable part）の動作に封水が依存するトラップ,完全Sトラップ,わんトラップ(bell trap),頂部通気トラップ（crown -vented trap）。

❸ トラップ掃除口（trap cleanout）：アクセスできる真鍮トラップねじ（brass trap screw）を有する。

❹ 封水深：5.1cm 以上，10.2cm 以下。

❺ トラップの最小口径：器具種類別に 3.8 〜 7.6cm。

❻　ドラムトラップ（drum trap）：口径は7.6cmまたは10.2cm。トラップねじ（trap screw）はトラップ口径より1サイズ大。封水深は5.1cm以上。

❼　地下トラップ（trap underground）：アクセスできる掃除口を備える。

❽　建物トラップ（building（house）traps）の禁止：建物トラップは設置してはならない。

❾　二重トラップの禁止：器具は二重にトラップしてはならない。

❿　トラップの設置高さ：器具排水口からトラップウェアまでの垂直距離は61cm以下。

⓫　トラップはできるだけ器具排水口の近くに設ける。

⓬　凍結防止：凍結防止を図る。

⓭　トラップの保護：トラップ封水は排水管・通気管の適切な配管によってサイホンや背圧から保護されなければならない。

⓮　建物排水管に連結する雨水排水管にはトラップを設ける。

　❶のトラップのタイプは最小要件が踏襲されているが，❷の禁止トラップの具体的な種類・構造は最小要件では規定されていない。19世紀後半から20世紀初頭にかけてサイホン作用（自己サイホン作用，誘導サイホン作用）に抵抗力のあるトラップが特許製品として数多く開発された。それらは隔壁，可動部，複雑な通水路のある構造であった。当時の技術レベルでは隔壁は腐食等で損傷し，可動部は故障しやすく，隔壁・可動部・複雑な通水路は排水混入雑物が付着・堆積して詰まることを回避できなかった。ボストン市衛生局，NBS等のトラップの性能試験，排水・通気配管実験により，トラップの性能が明らかにされるとともに排水・通気配管によるサイホン作用の防止方法が確立した。そこでアメリカ（NBS）は，トラップは自掃性のある単純構造の管トラップと阻集機能のあるドラムトラップは有用とし，隔壁・可動部・複雑な通水路のあるトラップは排除する大英断を下したと思われる。頂部通気管は，トラッ

プのクラウン部は満流となり，排水混入物が通気管接続部に付着して閉塞するおそれのあることから禁止された。完全Ｓトラップが禁止とされたのは，その器具排水管は立て管となり，通気管を設けることができないことによると思われる。ドラムトラップは管トラップよりサイホン作用の抵抗力が大きいので，管トラップを標準に排水・通気配管によるサイホン作用の防止方法が徹底された。❹の最小封水深を定めたうえで，自己サイホン作用に対しては❿，誘導サイホン作用に対しては⓭の対策が用意された。

❸の掃除口は掃除に必要不可欠なものである。パッキンによる緊結，スイベルジョイント（swivel joint）の使用も規定されている。

❹の封水深と❺の最小口径は最小要件が踏襲されている。

❻のドラムトラップは最小封水深のみで最大封水深は規定されていない。トラップねじの大きさは掃除にしやすさに重点を置いたものである★6。

❼の地下トラップは土中など地下に設けるトラップであり，掃除のしやすさが重視されている。

❽と❾は最小要件では明確に規定されていなかった。❽の建物トラップは19世紀後半まで採用されており，その可否については長く議論されたが，結局，禁止の判断に至った。既存の建物トラップには十分な通気を設ける移行措置が規定されている。❾の二重トラップの弊害は18世紀のころから知られていた。

❿の器具排水管垂直距離の制限は自己サイホン作用の防止を図るためのものである。その防止方法として最小要件では器具排水管の管長の制限が示されていた。その後の研究で自己サイホン作用には流速が大きく影響し，器具排水管の垂直管長の制限のほうが重要であることが知られるようになったと思われる。ハンドブックでは，流速が大きくなることを避けるためであると解説されている。

⓫のトラップの器具近接設置は，器具排出管(器具排水口からトラップ流入脚水面までの排水管)の内面汚れによる臭気をできるだけ少なくするためである。

❷の凍結防止は寒冷地対応である。

❸の誘導サイホン作用に対する封水保護が NPC の技術要綱に規定されている排水・通気配管設計の基軸になっている。最小要件では戸建て住宅・低層建物の設計法であったが，ハンター博士の排水負荷算定法と排水実験にもとづく許容排水流量の算定法の採用により，高層建物の排水・通気管径の決定法が確立された。

❹は最小要件ではとくに規定されていなかった。ルーフドレンから排水ガスを流出させない措置である。

NPC のトラップに関する規定の第一義は，管トラップを主体とする水封トラップ以外のメカニカルトラップなどを排除し，排水ガス遮断機能は封水のみによるとしたことにある。封水は，蒸発，毛細管現象，自己サイホン作用，誘導サイホン作用（負圧・正圧），突風などによって損失し，破封することが知られていた。さらに寒冷地では凍結して排水不全になることも経験していた。水封トラップは，単純な構造で，機能する封水は器具の水使用に伴う排水が自然にたまったものであり，きわめて安全で優れた装置といえるが，破封と凍結という欠点に対処しておかなければならない。最小要件ではサイホン作用の他に蒸発，毛細管現象，風圧，衝撃に対する安全対策を講じることが規定されていたが，NPC ではサイホン作用の対策のみが規定されている。毛細管現象はトラップ製品の材料・加工技術の向上によって糸屑がウェア部に引っ掛かるケースは無視できるようになったこと，風圧と衝撃は有効な防止方法はなく，発生するケースは稀であることから，規定するに至らなかったと思われる。蒸発については，5.1cm の封水深であれば 60 余日間は破封しないと推定されていたことに鑑み，最小要件，NPC ともに最小封水深の規定のみで，とくに蒸発を防止する対策は用意されなかったものと思われる[7]。

❹の封水深に関してハンドブックでは，許容封水損失は 2.54cm とし，その封水により下水ガス（sewer gas）や害虫（vermin）の通過を防止でき，2.54cm

152

の残留封水深（最小封水深 5.1cm －許容封水損失 2.54cm）であれば 5.1cm 水柱未満の正圧で破封しないと解説されている。

HASS 206・SHASE-S 206 ── NPC がテキスト

日本の最初の給排水設備規準である空気調和・衛生工学会規格 HASS 206-1967「給排水設備規準」[★10]（以下，HASS）は，NPC をテキストにして 1968 年に刊行された。なお HASS は 1976 年に改訂された HASS 206-1976[★11] では技術要項（★給水・給湯・排水配管の管径決定法）が付加された。そして 1982 年に HASS 206-1982[★12]，1992 年に HASS 206-1991[★13]，2000 年に HASS 206-2000[★14]，2009 年に SHASE-S 206-2009[★15]（以下，SHASE）に改訂された。

HASS のトラップに関連するおもな規定は次のようになっている。

❶　トラップの形式：間仕切り（隔壁）がない。可動部分がない。自浄作用（自掃性）がある。封水中の継手には金属擦り合わせ継手を使用する。トラップ内面壁・排水路（通水路）断面形状ははなはだしい変化がない。ベルトラップ（わんトラップ），頂部通気付きトラップ，隔壁トラップおよび二重トラップ（二重トラッピング）は禁止（NPC の❶❷❸❾）。

❷　掃除口：ねじ込み掃除口とする（NPC の❸）。

❸　封水深：50mm 以上，100mm 以下（NPC の❹）。

❹　トラップの口径：器具用途別に 30 ～ 75mm とする（NPC の❺）。

❺　ドラムトラップ：口径は排水管径の 2.5 倍を標準とし，封水深は 50mm 以上（NPC の❻）。

❻　床排水：ストレーナを設ける。原則として補給水装置を設ける。

❼　トラップの設置高さ：器具排水口からトラップウェアまでの垂直距離は 0.6m 以下（NPC の❿）。

153

❽ 凍結防止：凍結防止に考慮する（NPC の**⑫**）。

❾ トラップ封水の保護：サイホン作用・背圧からトラップ封水を保護する（NPC の**⑬**）。

❿ 自己サイホン作用の防止：自己サイホン作用の防止法として各個通気管を設けることが望ましい。

⓫ 合流式の排水横主管・敷地排水管または雨水敷地排水管にトラップを設ける（NPC の**⑭**）。

HASS 206 のトラップ規定は NPC のそれとほぼ同じであるが，**❻**のトラップ補水装置と**❿**の各個通気管による自己サイホン作用の防止は NPC になかった規定である。NPC の禁止トラップの S トラップは**❶**の中で削除されている。**❶**のわんトラップの禁止規定は NPC に倣ったものの，実際の扱いは錯綜した。

日本では各個通気管は一般に採用されていない。S トラップの禁止理由である頂部通気管の設置が該当しないので，S トラップが削除された。

かつての排水横管は床下配管が普通であり，わんトラップは P トラップに比べて収まりがよく，鋳鉄製わんトラップが当時の大蔵省調達品であったことから，トイレなどの床排水に一般的に用いられていた。図 1 の (a) は 1952 年，(b) は 1967 年のわんトラップである。しかし，わんの取り外しによるトラップ機能の不全，トイレ床排水の長期排水間隔に伴なう蒸発破封の問題が起こっていたことへの対処として，わんトラップ禁止規定を採用するとともに，床排水全般の補給水装置設置規定が追加された。

NPC・HASS におけるわんトラップ・通気方式の扱いと HASS 218

わんトラップのわんは，隔壁であり，取り外せるので，NPC，HASS・SHASE のいずれでも禁止されていた。しかし，次節の設備規準では禁止されていない。1955 年（昭和 30 年）に設立された日本住宅公団（現 UR 都市機構）の共同

図1 わんトラップ

(a) H社製(1952)★16

(b) K社製(1967)★17

住宅の浴室床排水と台所流しに鋳鉄製わんトラップ（図1）が採用された。以降，各種材料のわんトラップが非住宅建物のトイレの床排水，住宅・ホテルの浴室床排水，住宅等の台所流しに多用されてきた。この実情と1989年の日本工業規格 JIS A 4002「床排水トラップ」にわんトラップが規定されたことを鑑みて，SHASE-S 206 の 2009 年改訂版[15]では，適正な使用を前提にしてわんトラップの禁止規定が削除された[14]。

通気方式について，アメリカとイギリスは各個通気管（器具トラップの器具排水管に設置）を用いる各個通気方式であるのに対し，日本は各個通気管は省略したループ通気管（排水横枝管に設置）を用いるループ通気方式または各個通気管・ループ通気管を省略した伸頂通気管（排水立て管に設置）のみの伸頂通気方式が採用されてきた。自己サイホン作用の防止方法として，❼の器具排水管の垂直距離の制限は有効ではあるが確実ではない。各個通気管は前述したように確実に防止できる。各個通気方式が前提である NPC では各個通気管を設ける規定は必要ないが，日本はループ通気方式であるので，この規定が追加されたと思われる。

トラップの形状に関して，SHASE の 2009 年改訂版[15]では，「流入脚に対して流出脚断面積が同等以上の構造のものが望ましい」という規定が追加されている。これは筆者が提案した脚断面積比（流入脚断面積に対する流出脚断面積の比率）が大きいほど自己サイホン作用・誘導サイホン作用に対するトラップの抵抗力が増加するという研究成果が採用されたものであり，規準解説に文献[18]の解説図が引用されている。なお，脚断面積比は，最初は容積比（流入脚容積に対する流出脚容積の比率）という用語を用いていた[19]。

HASS・SHASE に関連して，2000 年に HASS 218-1999（以下，HASS 218）「集合住宅の排水立て管システムの排水能力試験法」[20]が刊行された。HASS 218 は現在は SHASE-S 218-2014[21]に改訂されている。誘導サイホン作用による破封の防止法は排水システムの設計法の一つの主軸になっている。その

性能基準として許容管内圧力が用意されるべきであるが, NPC, HASS, SHASE ともに規定されていない。しかし NPC の❹封水深に関連して, 許容封水損失 2.54cm, 許容残留封水深 2.54cm, 許容管内圧力 2.54cm（249Pa）がハンドブックに解説されていることは前述した。これらは管内圧力と封水位の静的な関係にもとづいて導かれたものであるが, 実際の封水変動は管内圧力変動に応答する封水変動の動的応答現象である。HASS 218 では排水システムの排水能力（管径別許容排水流量）の試験法における判断指標として許容封水損失または許容管内圧力が用いられている。許容封水損失 25mm はハンドブックと同じであるが, 許容管内圧力の ± 400Pa（ローパスフィルター（3.0Hz）処理データ）はハンドブックの値の 1.6 倍になっている。これは瞬時管内圧力変動の封水応答が考慮された結果による。

設備基準 —— 建築基準法

建築基準法（昭和 50 年建設省告示第 1597 号「建築物に設ける飲料水の配管設備及び排水のための配管設備を安全上及び衛生上支障のない構造とするための基準」（給排水設備技術基準, 以下, 設備基準））は 1975 年に制定された。トラップ（排水トラップ）に関するおもな規定は次のとおりである。

❶ 汚水排水管と連結する雨水排水管には排水トラップを設ける。
❷ 二重トラップ（二重トラッピング）としない。
❸ 排水管内の臭気・衛生害虫等の移動を有効に阻止できる構造とする。
❹ 汚物等が付着・沈殿しない構造とする。
❺ 封水深：5cm 以上, 10cm 以下。
❻ 容易に掃除ができる構造とする。
❼ 通気管は排水管内の圧力と大気圧の差によって破封しないように設ける。

❶は HASS の⓫, ❷は HASS の❶の二重トラップと同じである。❸はトラップの役割であり，設計規準の規定にはそぐわない。HASS と NPC には，排水管内の空気の屋内移動を阻止する役割は規定されているが，衛生害虫については規定されていない。設備基準ではトラップの目的（役割）の重要性を強調する必要のあることから，空気は臭気に替え，さらに衛生害虫を加えたものと思われる。衛生害虫については，前述したハンドブックにおける NPC の❹封水深の解説にある，下水ガスと害虫の通過を阻止するトラップの役割が引用されたと思われる。❹は HASS の❶の自浄作用を言い換えたものである。❺は HASS の❸の封水深と同じである。❻は HASS の❷の掃除口を言い換えたものである。❼は HASS の❾のトラップ封水の保護を言い換えたものである。

　以上のように，設備基準が HASS と NPC に準拠したことが明らかである。なお，設備基準の 2000 年の最終改正「平成 12 年建設省告示第 1406 号」において，「封水深」が「排水トラップの深さ」に変更された。しかし本書では，国際的な専門用語 "seal depth"「封水深」を用いた。

設備設計基準 ── 官公庁施設設計

　官公庁施設の設備設計基準として「建築設備設計基準」がある。平成30(2018)年国営設第 134 号「建築設備設計基準」（以下，設備微設計基準）の「第 5 編：給排水衛生設備」に，「通気は，排水に伴う配管内の空気の流動を円滑にし，自己サイホン，誘導サイホン等によるトラップの破封を防止するように設ける」の規定がある。この規定は設備基準の❼に準拠したものである。「誘導サイホン」の用語が用いられていることが注目される。

AIJES ── 拡張排水システムの基準

　日本建築学会環境基準（AIJES）として 2016 年に AIJES-B003-2016「機械・サイホン排水システム設計ガイドライン」[★22]（以下，AIJES）が刊行された。

このガイドラインは，SHASE の排水システム（重力式非満流の排水システム，地下階の圧送排水システム，水封式トラップ）の範疇にない，拡張排水システム（重力式満流のサイホン排水システム，地上・地下階の小型圧送排水システム，真空排水システム，非水封式トラップ）が規定されている。

★1　United States of America, Department of Commerce, Bureau of Standards: Report of Subcommittee on Plumbing of the Building Code "Recommended Minimum Requirements for Plumbing", United States Government Printing Office, 1929

★2　National Bureau of Standards: Building Materials and Structures Report BMS66, Plumbing Manual, 1940

★3　American Standards Association: ASA A40.8-1955, National Plumbing Code "Minimum Requirements for Plumbing", American Society of Mechanical Engineers, 1955

★4　Building Officials and Code Administrators International: International Plumbing Code, 2018

★5　International Association of Plumbing and Mechanical Officials: Uniform Plumbing Code, 2018

★6　Vincent T. Manas: National Plumbing Code Handbook, McGraw-Hill Book Company, 1957

★7　William Beall Gray: Gray's Plumbing Design and Installation, David Williams Company, 1916

★8　William Beall Gray, Charles B. Ball: A Working Manual of American Plumbing Practice, American Technical Society, 1916

★9　J. Pickering Putnam: Plumbing and Household Sanitation, Doubleday, Page & Company, 1911

★10　空気調和・衛生工学会規格 HASS 206-1967「給排水設備規準」,1968

★11　空気調和・衛生工学会規格 HASS 206-1976「給排水設備規準」,1976

★12　空気調和・衛生工学会規格 HASS 206-1982「給排水設備規準・同解説」,1982

★13　空気調和・衛生工学会規格 HASS 206-1991「給排水設備規準・同解説」,1992

★14　空気調和・衛生工学会規格 HASS 206-2000「給排水設備規準・同解説」,2000

★15　空気調和・衛生工学会規格 SHASE-S 206-2009「給排水設備規準・同解説」,2009

★16　長谷川鋳工所:製品カタログ, 1952

★17　建築設備総覧編集委員会:最新建築設備総覧, 建築資材研究会, 1968

★18　建築設備学教科書研究会編:建築設備学教科書 新訂第2版, 彰国社, 2009

★19　坂上恭助:各種トラップの封水損失特性, 空気調和・衛生工学, 第57巻, 第5号, 空気調和・衛生工学会, 1982

★20　空気調和・衛生工学会規格 HASS 218-1999「集合住宅の排水立て管システムの排水能力試験法」2000

★21　空気調和・衛生工学会規格 SHASE-S 218-2014「集合住宅の排水立て管システムの排水能力試験法」2014

★22　日本建築学会:日本建築学会環境基準 AIJES-B0003-2016「機械・サイホン排水システム設計ガイドライン」丸善出版, 2016

〈 IV 〉

トラップの泣き所と手当

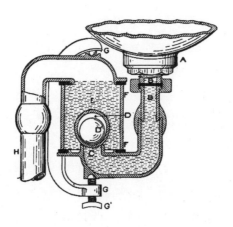

8. トラップの種類と封水深, 脚断面積比

現在採用されているトラップの種類と構造

　現在，日本で採用されているトラップの種類は水封式と非水封式に大別される。水封式が一般的なトラップであり，非水封式（自封トラップ）は 2016 年に制定された AIJES に規定されたばかりの新しいトラップである。トラップは，設置場所により屋内排水用と敷地排水用，排水用途として器具トラップと床排水トラップ，付加機能として一般トラップと阻集トラップ（阻集器），形状として管トラップと隔壁トラップに大別される。敷地排水用トラップにはトラップ桝（トラップ機構を有する排水桝）と U トラップ，阻集機能のある阻集トラップにはドラムトラップと阻集器（グリース阻集器，毛髪阻集器，繊維くず阻集器など）がある。管トラップには P トラップ，S トラップ，U トラップ，隔壁トラップにはわんトラップ，逆わんトラップ，ボトルトラップがある。図 1 に管トラップ，隔壁トラップ，阻集トラップの種類（基本構造）を示す。

　洗面器・手洗い器には P トラップ，S トラップ，ボトルトラップ，台所流しにはわんトラップ，洗濯機には逆わんトラップ，浴室床排水にはわんトラップ・逆わんトラップ，トイレ床排水にはわんトラップがおもに使われている。ドラムトラップは研究・実験室の流しに使われる。グリース阻集器は営業用厨房の流し，毛髪阻集器は理髪店・美容院の流し，繊維くず阻集器はランドリーの流しに設けられる。トラップ桝は屋内排水系統に接続する雨水排水系統に設けられる。

　トラップ各部の名称を図 2 に，トラップ接続排水管の名称を図 3 に示す。トラップの基本構造は，器具等からの排水が流入する流入脚（inlet leg），器具排水管に排水が流出する流出脚（outlet leg），その間の水底部（bottom of water, 短い場合）または通水路（water passage, 長い場合）から構成される。

図I　トラップの種類（基本構造）

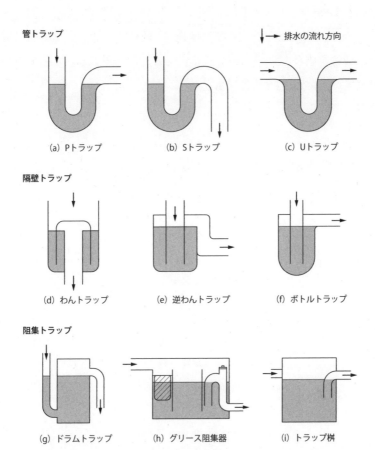

管トラップ

(a) Pトラップ　(b) Sトラップ　(c) Uトラップ

隔壁トラップ

(d) わんトラップ　(e) 逆わんトラップ　(f) ボトルトラップ

阻集トラップ

(g) ドラムトラップ　(h) グリース阻集器　(i) トラップ桝

排水の流れ方向

水底部または通水路の上端をディップ（dip），流出脚末端の下端をウェア（weir）といい，ディップとウェアの垂直距離を封水深（設備基準では「排水トラップの深さ」）という。器具の排水口から流入脚までの排水管を器具排出管（阻集器の場合は流入管，fixture discharge pipe），流出脚以降の排水管を器具排水管（fixture drain）という。器具排水管は詳細に器具排水横管（horizontal fixture drain）と器具排水立て管（vertical fixture drain）と呼ばれることもある。器具排水管は排水横枝管または排水立て管に接続される。

図2　トラップ各部の名称

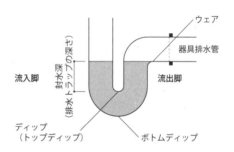

図3　トラップ接続排水管の名称

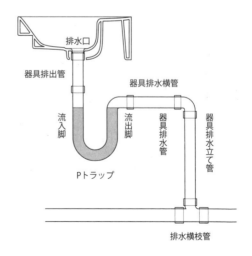

封水深と脚断面積比

　水封式トラップは破封すると排水ガス遮断機能が損なわれる。現在の排水システムは水封式トラップを採用しているので，破封防止がシステム設計上の条件となる。破封の原因としては，蒸発，サイホン作用，慣性，背圧，突風，毛細管現象などがあげられていた。突風は稀なことであり，有効な対策がないこと，毛細管現象の発生は現在ではないとみなされることから除外される。サイホン作用は当該トラップの排水流れによるサイホン現象であることから自己サイホン作用，背圧と慣性は管内圧力によることから誘導サイホン作用と称することにする。現在では，蒸発，自己サイホン作用および誘導サイホン作用が防止対象の破封現象になる。蒸発はトラップ単体，自己サイホン作用はトラップ・器具排水管で生じる現象であり，個別対応となる。蒸発はすべてのトラップで生じ得るが，排水間隔が3週間を超えるような場合のみに破封は生じ，通常の使用状態では問題とならない。自己サイホン作用が生じ得るのは，ため洗いの使用形態が想定される洗面器や台所流しであり，それ以外の器具は考慮しなくてよい。誘導サイホン作用の原因である管内圧力はある器具からの排水が場合によっては重なって排水横枝管・排水立て管・排水横主管を流れる際に発生し，排水されていないすべてのトラップに影響するので，トラップ・排水配管を含む排水システム全体の対応となる。これらより，最も重要な破封現象は誘導サイホン作用であるといえる。

　トラップの耐破封性能（破封現象に耐え得る性能）は破封現象ごとに異なる。本来は各破封現象の性能評価法によって耐破封性能を評価するべきであるが，性能評価法は確立されていない。給排水設備基準ではトラップ性能は構造規定になっている。

　トラップの形状・構造は図2のように単純であり，代表的な形状パラメータとしては断面形状（流出入脚接続口径，流出入脚断面積）と封水深があげられる。蒸発には断面形状（流出入脚接続口径）と封水深，自己サイホン作用に

は断面形状（流出入脚接続口径，流出入脚断面積），誘導サイホン作用には断面形状（流出入脚断面積）と封水深が関係する。

給排水設備基準において，アメリカと日本は形状と封水深（最小値と最大値），その他の国は封水深（最小値）が規定されている。最大封水深は自掃性に対する性能である。

主要国の給排水設備基準における最小封水深は，日本（SHASE[1]）では50mm，アメリカ（NPC[2]）では51mm，フランス（NF[3]）では50mmの一律となっているが，ドイツとイギリスは一律ではない。ドイツ（DIN[4]）は雨水排水用トラップは100mm，屋内排水用トラップは50mmであり，イギリス（BS[5]）は器具用途によって50mmと75mmが適用されている。BSには許容残留封水深25mmが規定されている[5]。専門家のヒアリングによると，スウェーデン，ベルギー，スイス，ブラジル，中国，台湾では最小封水深は一律に50mmであるとの回答があった。なお，アメリカでは最小封水深について蒸発に対する配慮がなされている。

破封には，封水の静止平衡位置がディップ以浅になって排水ガスが定常的に通過する定常破封と，管内圧力変動によって瞬時に破封する瞬時破封がある。負圧は定常破封と瞬時破封を，正圧は瞬時破封をもたらす。定常破封は回避しなければならないが，瞬時破封は正負圧によって扱いが異なってくる。負圧瞬時破封の場合は屋内空気が排水管に通過するのでとくに問題にならないが，正圧瞬時破封の場合は排水ガスが屋内に通過するので，少量であっても問題となり，回避しなければならない。ここでは，瞬時破封する負圧を破封負圧，正圧を破封正圧という。負圧の場合は封水損失が生じる。正圧の場合，正圧が収まるときに封水が降下し，その慣性によって封水損失が生じるが，無視することにする。これより，負圧では破封負圧と封水損失・残留封水深，正圧では破封正圧が重要となる。

誘導サイホン作用における管内圧力と封水位との静的な関係について，簡単

図4　脚断面積比と破封圧力・残留封水深

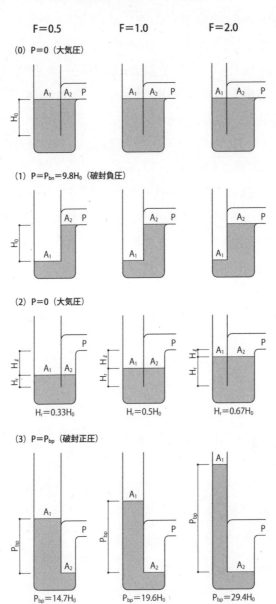

167

に説明する。流出入脚の断面形状は一律とし，管内圧力ゼロ（大気圧）で満水位状態（封水の静止平衡位置＝ウェアレベル）にある初期状態（0）から，破封負圧 P_{bn} が作用して破封直前まで封水位が変化した状態（1），管内圧力がゼロ（大気圧）に収まって封水が残留する状態（2），破封正圧が作用して破封直前まで封水位が変化した状態（3）を想定してみる（図4）[6]～[8]。

封水深を H_0[mm]，封水損失を H_ℓ[mm]，残留封水深を $H_r (=H_0 - H_l)$[mm] とすると，脚断面積比 F は式（8.1）で定義される。管内圧力 P が負圧の場合，破封負圧 P_{bn} は脚断面積比 F にかかわらず一定の $-9.8H_0$[Pa] となる。ウェアから溢れた封水は流出して損失し，負圧が収まると流出脚の封水がトラップに残留する。その封水損失 H_ℓ は式（8.2），残留封水深 H_r は式（8.3）になる。例えば F=0.5（流出脚断面積が流入脚断面積の半分），F=1.0（同径），F=2.0（流出脚断面積が流入脚断面積の2倍）の場合，それぞれ H_l は 0.67 H_0, 0.5H_0, 0.33H_0，H_r は 0.33H_0, 0.5H_0, 0.67H_0 となる。封水深・管内負圧は同じでも，脚断面積比が大きいほど残留封水深は大きくなり，トラップの性能が向上する。管内圧力 P が正圧の場合，破封正圧 P_{bp} は脚断面積比 F によって異なり，式（8.4）で表される。例えば F=0.5, 1.0, 2.0 の場合，破封正圧 P_{bp} はそれぞれ 14.7H_0[Pa], 19.6H_0[Pa], 29.4H_0[Pa] となる。封水深が同じでも，脚断面積比が大きいほど破封圧力は大きくなり，トラップの耐圧力性能は向上する。

以上より，誘導サイホン作用のトラップの耐破封性能には，封水深と脚断面積比が重要なトラップ形状パラメータとなるといえる。同径の管トラップが一般的であるので，脚断面積比 1.0 を標準とし，それ以上のトラップを採用すべきであることが通説となり，SHASE-S 206-2009[1] のトラップ規定にはじめて脚断面積比が盛り込まれた。

$$F = \frac{A_2}{A_1} \tag{8.1}$$

$$H_\ell = \frac{P_{bn}/9.8}{F+1} = \frac{H_0}{F+1} \tag{8.2}$$

$$H_r = \frac{F \cdot P_{bn}/9.8}{F+1} = \frac{F \cdot H_0}{F+1} \tag{8.3}$$

$$P_{bp} = \frac{9.8 H_0}{F+1} \tag{8.4}$$

ここで, F:脚断面積比 $[-]$, A_1:流入脚断面積 $[cm^2]$, A_2:流出脚断面積 $[cm^2]$, H_ℓ:封水損失 $[mm]$, H_r:残留封水深 $[mm]$, H_0:封水深 $[mm]$, P_{bn}:破封負圧 $[Pa]$, P_{bp}:破封正圧 $[Pa]$

★1 空気調和・衛生工学会規格SHASE-S 206-2009「給排水設備規準・同解説」, 2009

★2 American Standards Association: ASA A40.8-1955, National Plumbing Code "Minimum Requirements for Plumbing", American Society of Mechanical Engineers, 1955

★3 NF EN 1253-1"Avaloirs et siphons pour bâtiments", 2015

★4 DIN 1986-100"Planung und Ausführung von Entwässerungsanlagen", 2016

★5 BS EN 12056-2-2000: Gravity drainage systems inside buildings, 2002

★6 Kyosuke Sakaue, Takamasa Shinohara, Masamitsu Kaizuka: A Study on the Dynamic Characteristics of the Deformed Trap, Pros. of 8th CIB W62 International Symposium, 1982

★7 坂上恭助・鎌田元康編:基礎からわかる給排水設備, 彰国社, 2009

★8 建築設備学教科書研究会:建築設備学教科書, 彰国社, 1991

9. 蒸発

蒸発速度

　蒸発は水面から水が気化する現象である。気化した水蒸気の大気における分圧を水蒸気分圧（水蒸気圧）といい，水面と周囲空気の水蒸気圧に差があると水蒸気が移動する。水蒸気移動は封水面近傍では拡散により，少し離れると対流による。水蒸気の移動速度を蒸発速度という。蒸発速度は拡散係数と水蒸気圧差に比例する。水蒸気圧差は水面の飽和水蒸気圧と周囲空気の水蒸気圧との差である。対流には自然対流と強制対流があり，それぞれ蒸発速度の実験式が提案されている[1]。

　トラップ封水は流出入脚の水面から蒸発が生じる。Ｐトラップ，Ｓトラップの場合，流入脚水面は水面上の流入脚・器具排出管を経て屋内空気につながっている。流出脚水面は器具排水管以降の排水配管内空気につながっている。その蒸発は拡散と自然対流による。排水管内の相対湿度は約85〜90％であり，封水は流出脚からの蒸発が主となる[2][3]。

図1　空洞高さ（h）と管内径（d）

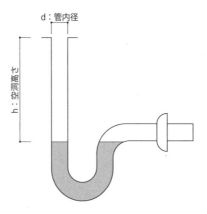

d：管内径

h：空洞高さ

170

流出脚・器具排出管を一体の円筒とみなすと，円筒における蒸発は管内径 d と空洞高さ（水面から器具排水口までの垂直距離）h が形状パラメータとなる（図1）。d=2.5, 3.0, 4.0, 5.0cm，H=10, 20, 30cm の円筒における蒸発量を電子天秤でひょう量した結果から蒸発速度式（9.1）を導出した[2]。追加実験により修正したのが式（9.1）である。蒸発速度 ω は空洞高さ $h^{0.75}$ に反比例し，流入脚内径 $d^{0.99}$ に比例している。しかし，大便器のような広い流入脚（相当内径 15.5cm）の ω は内径 5.0cm とほぼ同じであった。式（9.1）はあくまで実験条件範囲でにおいて適用される。式（9.1）の水面の飽和水蒸気圧 e_s はテテン（Tetens）の式，水蒸気圧 e はアントワン（Antoine）の式を用いて計算できる。例えば，気温・水温が 0, 15, 30℃，相対湿度が 50% における水面の水蒸気圧 e_s はテテンの式を用いて算定すると，6.1, 15.0, 33.7hPa，水蒸気圧 e はアントワンの式を用いて計算すると，3.0, 8.5, 21.2hPa になり，蒸発速度 ω はそれぞれ 0.26, 0.55, 1.07mg/（$cm^2 \cdot$h）となる。1日あたりの蒸発水位に換算すると，それぞれ 0.062, 0.132, 0.257mm/d となる。

$$\omega = 0.29 \frac{d^{0.99}}{h^{0.75}} (e_s - e) \tag{9.1}$$

ここで，ω：蒸発速度 [mg/（$cm^2 \cdot$hPa）]，h：空洞高さ [cm]，d：管内径 [cm]，e_s：水面の水蒸気圧 [hPa]，e：屋内空気の水蒸気圧 [hPa]

蒸発破封の防止

　蒸発破封日数が予想できれば，それに応じたトラップ補水周期（補水間隔日数）が設定でき，その間隔でメンテナンスにおいて補水すれば，蒸発破封を防止できる。

　蒸発破封日数の算定例として，東京におけるPトラップの蒸発破封日数を算定してみる。1日あたりの蒸発水位 E_d [mm/d] について，2016年の月平均温湿度・水温，器具排水管の相対湿度85%，トラップ口径3cm，封水深50mm，空洞高さ10cm，初期残留封水深50mm（満水位）と25mm（半満水位）における蒸発水位 [mm/d] を式（9.1）により算定した結果を図2に示す。E_d は初期残留封水深が25mmより50mmのほうが2割ほど大きい。これは空洞高さの影響による。封水が誘導サイホン作用などによって損失している状態を想定すると，標準封水状態は半満水位（初期残留封水深25mm）とするのが妥当と考えられる。半満水の E_d は3月の0.14mm/dから10月の0.35mm/dの範囲にある。ただし，この算定では封水温を気温と同じにしており，実際の封水温における蒸発速度とは異なることに注意されたい。

　半満水位の3月・10月の蒸発水位を用いて破封日数を算定すると，それぞれ179日，72日となる。10月を基準にすると，補水周期は2か月（60日）が提案される。これはアメリカの推定蒸発破封日数60余日とほぼ同じである。なお，ドイツ（DIN1986）[3] では許容蒸発水位が1mm/dに規定されている。

　トラップ補水装置としては，アメリカではトラッププライマー（trap primer）がすでに開発されており，日本には2000年代になってから導入された（図3）。補水は給水装置と連動しており，封水損失に連動していない。

図2　東京(2016年)におけるPトラップの蒸発水位E_d

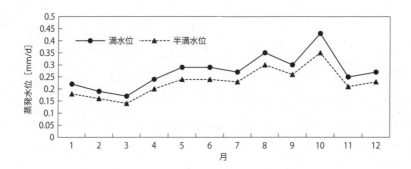

図3　トラッププライマーバルブ[4]

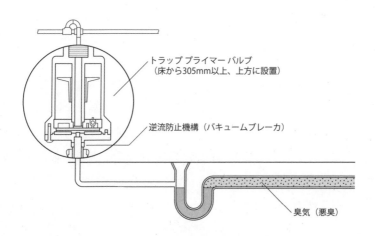

トラップ プライマー バルブ
（床から305mm以上、上方に設置）

逆流防止機構（バキュームブレーカ）

臭気（悪臭）

★1　上田政文：湿度と蒸発－基礎から計測技術まで－, コロナ社, 2014

★2　小嶋貴博, 坂上恭助：トラップ封水の蒸発現象に関する研究(第2報)
実物トラップ実験および排水管内温湿度・風速計測, 空気調和・永瀬工学会学術講演論文集, 2018

★3　DIN 1986-100"Planung und Ausführung von Entwässerungsanlagen", 2016

★4　ベン：総合カタログ, vol. 45, 2019

10. 自己サイホン作用

自己サイホン作用に配慮すべき器具

　器具で水使用があると，排水後に排水の一部がトラップに残留する。その残留水が封水（残留封水）であり，その深さを残留封水深という。残留封水深は，器具の使用形態，器具排水配管（器具排出管・トラップ・器具排水管）の排水流れの様相によって異なる。器具使用形態には流し洗いとため洗いがあり，器具排水配管の排水流れは前者では非満流，後者では満流となる。器具排水配管が満流のときはサイホン現象が生じ，排水は勢いよく流れ，残留封水は少なくなる。残留封水深は，非満流の場合は封水深とほぼ同じになるが，満流の場合は少なくなる。器具排水においてサイホン現象によって残留封水が少なくなる現象を自己サイホン作用という。

　ため洗いの使用形態のある器具としては，浴槽，流し（台所流し），洗面器，大便器などがある。浴槽は平形で底面積が大きく，排水終了後に底面上の残水が絞れ水（tail flow）となって補水されるので，最終的な残留封水深はほぼ封水深まで回復する。台所流しも平形で底部面積も大きいほうであるが，ステンレス製であるために排水の切れがよく，残水・絞れ水は少ない。洗面器は残水・絞れ水はほとんどない。大便器はサイホン現象を積極的に活用して汚物排出を行っている。とくにサイホン式大便器の名称の冠はサイホン現象を表している。しかし大便器には自動補水機構が装備されているので，残留封水深は封水深まで必ず回復する。

　したがって，自己サイホン作用による封水損失を懸念しなければならない器具は洗面器と台所流しとなる。

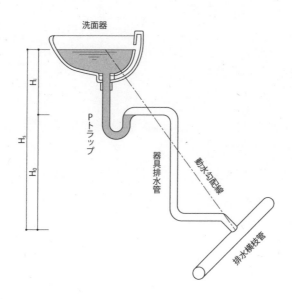

図1　洗面器排水配管のサイホン現象説明図

サイホン現象の理論式

　Pトラップが設けられた洗面器排水配管（図1）を例にしてサイホン現象の理論式を導いてみる[1]。ため洗いの洗面器水面と器具排水管の排水横枝管接続部においてベルヌーイの定理を適用し，サイホン水頭 H_s について解くと，式（10.1）が得られる。器具排出管Pトラップ・器具排水管は同径とする。サイホン水頭 H_s は，トラップウェア部を境界として，洗面器水面までの垂直距離である流入水頭 H_i と器具排水管の末端接続部までの垂直距離である流出水頭 H_0 の和となる。局部抵抗係数（損失係数）の総和 $\Sigma\zeta$ は，洗面器から器具排水管末端接続部までの局部抵抗係数（損失係数）ζ の合計値になる。流速 v は式（10.2）で表される。

$$H_s = H_i + H_o = \frac{v^2 \ (\zeta + \lambda \cdot L/D)}{g} \qquad (10.1)$$

$$v = \left(\frac{2g \cdot H_s}{\Sigma \zeta + \lambda \cdot L/D} \right)^{0.5} \qquad (10.2)$$

ここで, H_s：サイホン水頭 [m], H_i：流入水頭 [m], H_o：流出水頭 [m], :ζ：局部抵抗係数（損失係数）[-], λ：摩擦損失係数 [-], L：洗面器具排水配管長 [m], D：洗面器排水配管の内径 [m], v：流速 [m/s], g：重力加速度 [m/s^2]

式(10.2)より, 流速vはサイホン水頭 H_s の平方根に比例する。トラップウェア部直下でサイホン負圧が発生することによって流速は速くなり, 1.0m/s以上となることが推定される。その速い流速に伴って排水流れの最終部も勢いよく流れ, Pトラップに残留する排水が少なくなる。すなわち, サイホン水頭（動水勾配）に残留封水深は反比例する。サイホン水頭に器具排出管の管長が関係することから, NPC[★3], SHASE[★4]ではそれぞれ610mm, 600mm以下に制限されている。

トラップ形状で自己サイホン作用を防止できる

アメリカ（NPC[★3]）では自己サイホン作用に対して, 局部抵抗の少ない管トラップを主としているものの, 動水勾配が大きくなるSトラップを禁止し, 器具排出管長を制限する対策が講じられている。日本（SHASE[★4]）では器具排出管長は制限されているが, Sトラップは禁止されていない。自己サイホン作用の対象器具である洗面器にはPトラップ, Sトラップ, ボトルトラップ, 台所流しにはわんトラップ, Pトラップ, Sトラップ, ボトルトラップなど, さまざまな形状のトラップが用いられている。器具排出管・器具排水管の配管形態は同じでも, トラップ種類（形状）によって残留封水深は異なる。

サイホン水頭 1m の洗面器排水配管に封水深 50mm の S トラップ，P トラップ，ボトルトラップを設けてため洗い排水した後の残留封水は，それぞれ 7, 18, 34mm であった[4]。残留封水深 25mm を性能基準とすれば，ボトルトラップのみが安全となる。P トラップはその約 7 割であり，S トラップは約 3 割に達していない。S トラップとボトルトラップの排水流れの様相を図 2 に示す。若干の気泡が混入した満流流れは排水終了時，流入脚が空になるときに流出脚には排水の一部が残っており，その残留排水が戻って残留封水となる。残留封水は S トラップでは少なく，ボトルトラップでは多い。P トラップの場合はウェア以降の器具排水横管に残った水が戻り水となって残留封水が増加する。ボトルトラップの場合は脚断面積比が大きく，かつ流水方向・断面が急激に変化している。脚断面積比は 4.3 と大きい。とくに流路断面積が流入脚から流出脚で拡大し，また器具排水横管で縮小していることから，流出脚の残留封水がきわめて多くなった。ヨーロッパ諸国ではボトルトラップが多用されているが，その理由として自己サイホン作用の耐性能が優れていることが推察される。

　わんトラップはボトルトラップと同じ隔壁トラップであるが，流水方向がボトルトラップより単純である。1980 年初頭の台所流し用わんトラップの脚断面積比は 1.0 未満であり，自己サイホン作用による封水損失は大きかった[5]。脚断面積比を 1.2 としたわんトラップの残留封水深は約 30mm となった[6]。この研究成果は台所流し用わんトラップの標準寸法に反映され，その脚断面積比は 1.0 以上となった。

　トラップの自己サイホン作用の耐性能を向上させるには，ボトルトラップやわんトラップのような脚断面積比が 1.0 以上で流路方向が急変する形状とする他に，器具排水管の断面形状を変化させて部分的に非満流にする方法も有効と思われる。自己サイホン作用は，排水する器具に装着されたトラップの問題であるので，器具排水配管で局所的に解決するのが妥当と思われる。

図2　自己サイホン作用における流れの様相[3]

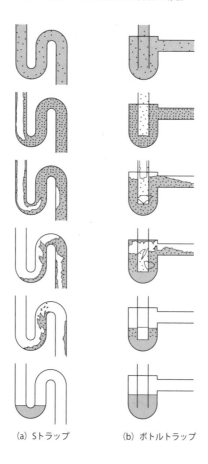

(a) Sトラップ　　　　(b) ボトルトラップ

★1　光永威彦, 坂上恭助, 稲田朝夫, 藤村和也, 阿久津健太：サイホン排水システムに関する研究(第2報)
理論式の導出と排水流入部による影響, 空気調和・衛生工学会論文集, No.262, 2018

★2　坂上恭助, 篠原隆政, 貝塚正光：器具トラップの自己サイホン作用に関する実験的研究,
空気調和・衛生工学会論文集, No.13, 1980

★3　American Standards Association: ASA A40.8-1955, National Plumbing Code
"Minimum Requirements for Plumbing", American Society of Mechanical Engineers, 1955

★4　空気調和・衛生工学会規格SHASE-S 206-2009「給排水設備規準・同解説」, 2009

★5　篠原隆政, 坂上恭助：排水トラップの性能研究1), Better Living, 住宅部品開発センター(現, ベターリビング), 1983

★6　篠原隆政, 坂上恭助：排水トラップの性能研究2), Better Living, 住宅部品開発センター(現, ベターリビング), 1983

11. 誘導サイホン作用

管内圧力による封水損失・破封

　誘導サイホン作用は管内圧力（排水流れによって生じる排水管内の空気圧力）がトラップ流出脚の封水面に作用し，封水が応答して変動する現象である。負圧が主体の管内圧力の場合，封水はウェアを超え，その大部分が器具排水管に流れる。この場合は封水損失が生じる。正圧が主体の管内圧力の場合，封水は器具排出管を上昇する。上昇封水が戻るとき，慣性でウェアを超えることがある。その場合は多少の封水損失が生じる。管内圧力は変動しているので，誘導サイホン作用（管内圧による封水変動）は地震動による建物振動のような振動応答現象として扱うのが妥当と考えられる。

　封水損失と定常破封の観点からは負圧主体の管内圧力，瞬時破封の観点からは正圧主体の管内圧力が重要となる。

　封水損失・破封は封水変動に比例するので，封水損失・破封を抑制する基本的方法としは強制力の管内圧力を緩和（小さく）する方法と，応答する封水の抵抗力を増加する方法がある。管内圧力の緩和には，適切な通気配管（方式・管径）を設ける，適切な排水管径とする方法が採用され，設計法として給排水設備規準に規定されている。封水の抵抗力の増加は管トラップを主としたことからまったく検討されなかった。最小封水深の規定が最小限の対応となった。

　封水変動は振動応答であるので，共振現象が考慮されなければならない。管内圧力については SHASE-S218[★9] に ± 400Pa（3H ローパスフィルター処理値）の許容値が規定されているが，トラップ封水の抵抗力は規定されていない。管内圧力に対する抵抗力を耐管内圧力性能という。

排水立て管内圧力分布と許容排水流量

　各階の器具・トラップは排水横枝管を経て排水立て管につながっていることから，誘導サイホン作用に対しては排水立て管の管内圧力が重要となる。排水横枝管，排水立て管，排水横主管における排水流れの様相と管内圧力の発生状況，許容排水流量の考え方を解説する。

　器具排水口から排水は空気を伴ってトラップ・器具排水管を流下し，排水横枝管，排水立て管，排水横主管，排水桝，敷地排水管を経て下水道に流れる。器具排水管は一部満流になることがあるが，非満流で流下する。排水横枝管内の上部は空気，下部は排水が 0.6m/s 以下の流速で流れる。排水立て管の頂部には伸頂通気管が設けられており，排水横枝管から排水立て管に排水が流入すると伸頂通気管から空気が流入する。排水横枝管から排水立て管に流入した排水は重力加速度により流速を増しながら自由落下する。1，2階分流下すると，排水は管内壁に沿って環状に流れる。そのような流れを環状流（annular flow）という。図1に示すように，環状排水流れの内側を空気と水噴霧が流れる。伸頂通気管からの空気は排水流れとの摩擦によって流れるが，空気流速は加速域では加速する排水流速より小さいため，空気密度は小さくなり，伸頂通気方式の場合，管内圧力は大きな負圧となる。排水は管内壁との摩擦により加速が抑制され，2，3階分流下すると流速は一定になり，終局流速（terminal velocity）になる。終局流速に達する流下距離を終局長（terminal length）という。排水立て管と排水横主管はエルボ継手で接続されており，排水立て管から排水横主管に排水が移行する排水はハイドローリックジャンプ（hydrouric jump，跳水）という流れになる。跳水によって空気の流通断面積が狭窄するので．排水立て管基部に空気が遅滞して空気密度は大きくなり，管内圧力は正圧になる。伸頂通気方式における排水立て管・排水横主管の管内圧力分布は図2に示すように，上階で大きな負圧，最下階で大きな正圧になる。ループ通気方式の場合は各階のループ通気管，排水立て管基部に接続されている通気立て

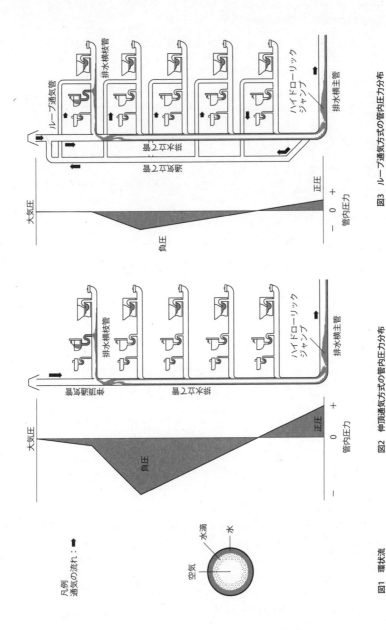

凡例
通気の流れ：

図1　環状流

空気
水滴
水

図2　伸頂通気方式の管内圧力分布

大気圧

負圧

正圧

0

－

＋

管内圧力

ルーブ通気管
排水横枝管
伸頂通気管
排水立て管
ハイドローリック
ジャンプ
排水横主管

図3　ルーブ通気方式の管内圧力分布

大気圧

負圧

正圧

0

－

＋

管内圧力

排水横枝管
排水立て管
ハイドローリック
ジャンプ
排水横主管

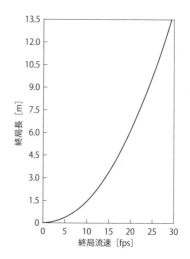

図4 終局流速と終局長の関係[★2]

管の通気作用によって管内圧力は大幅に緩和され，図3に示すような管内圧力分布になる。

　終局流速についてはハンター博士の先行研究があるが[★1]，実験式としてはドーソン・カリンスク（Dowson & Kalinske）の式（式(11.1)）[★2] とワイリー・イートン（Wyly & Eaton）の式（11.2）[★3] がよく知られている。式(11.2)は新しい鋳鉄管を想定したものである。ワイリー・イートンは終局長の実験式にもとづいて終局流速と終局長の関係を示している（図4）。例えば管径100mmの排水立て管における排水流量4.0L/sの場合，終局流速は式（11.2）より2.79m/s，終局長は図4より4.7mと推定される。

$$v_t = \left(\frac{486}{n} \right)^{3/5} \cdot \left(\frac{Q_{w1}}{\pi D} \right)^{2/3} \tag{11.1}$$

$$v_t = \frac{2}{\pi} \left(\frac{g/\lambda}{Q_{w2}/D} \right)^{2/5} = 12.8 \left(\frac{Q_{w2}}{D} \right)^{2/5} \tag{11.2}$$

ここで，v_t：終局流速 [ft/s]，g：重力加速度 [ft/s]，λ：摩擦係数 [-]，n：摩擦にかかわる定数（0.0055〜0.0065）[-]，Q_{w1}：排水流量 [gal/min]，Q_{w2}：排水流量 [ft³/s]，D：管径 [ft]

182

SHASE-S206[★4] の排水管径決定法では式（11.2）を用いて排水立て管の許容排水流量が規定されている。環状流（図1）において，排水管断面積 A に対する流水断面積 A_w の比率 α を充水率（ratio of wetted cross section）という。α は許容管内圧力または許容封水損失で規定されるが，明確な数値は示されていない[★2][★4]。おそらく最小封水深に対する破封負圧1インチ水頭（−249Pa）を基準にしたと思われる[★1]。アメリカでは α =1/2，7/24，1/3 が検討され，最終的に 7/24 が採用された[★1]。SHASE[★4] の排水管径決定法ではループ通気方式に 0.3，伸頂通気方式に 0.18 が適用されている。

排水流れの断面積 A_w は式（11.3）で表される。排水流量 Q_w は流水断面積 A_w と流速の積として式（11.4）で表される。式（11.4）の v を式（11.2）の v_t に置き換え，α を設定すると，許容排水流量 Q_p を表す式（11.5）が得られる。SHASE[★4] の排水管径決定法に規定されているループ通気方式（α =0.3），伸頂通気方式（α =0.18）の排水立て管の許容排水流量の算定式がそれぞれ式（11.6），式（11.7）である。

$$A_w = \alpha \cdot A \tag{11.3}$$

$$Q_w = A_w \cdot v = \alpha \, \frac{\pi D^2}{4} \, v \tag{11.4}$$

$$Q_p = A_w \cdot v = \alpha \, \frac{\pi D^2}{4} \, v_t \tag{11.5}$$

$$Q_p = 4{,}200 D^{8/3} \tag{11.6}$$

$$Q_p = 1,800D^{8/3} \tag{11.7}$$

ここで，A_w：排水流れの断面積 $[m^2]$，α：充水率 $[-]$，D：管径 $[m]$，A：排水管断面積 $[m^2]$，Q_w：排水流量 $[L/s]$，v：流速 $[m/s]$，v_t：終局流速 $[m/s]$，Q_p：許容排水流量 $[L/s]$

　排水立て管の排水負荷（排水流量）は接続されている器具から同時に流れ込む排水流量（同時排水流量）であり，最大同時排水流量を確率計算によって算定し，管径別の許容排水流量と対比して管径を決定する方法が採用されている。器具排水の原単位としては NPC[5] では器具単位 F.U.（fixture units），SHASE[4] では器具平均排水流量 q_d，同時排水流量算定用の確率曲線としては NPC ではハンター曲線，SHASE では定常流量曲線が用いられている。NPC の管径決定法は器具単位法，SHASE のそれは定常流量法と通称されている。なお，1F.U. は管径 1/4B（8A）の排水管を $1ft^3/min$（0.5L/s）の排水流量で流れる状態と定義されている[6]。q_d は器具排水量 w の 6 割の平均値で定義されている（図5）。なお，管径に B と A の単位を使ったが，これは配管の B 呼称（inch 単位）と A 呼称（mm 単位）である。

図5　器具排水特性（器具平均排水流量 q_d）[4]

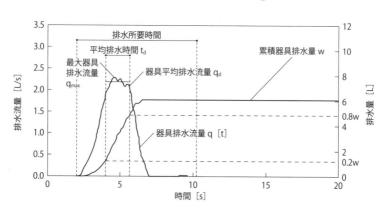

管内圧力変動による封水変動

　実際の誘導サイホン作用について，管内圧力変動とトラップ封水変動の測定例を紹介する。供試トラップには管トラップのＰトラップ，隔壁トラップのわんトラップと逆わんトラップを用いた。それらの形状を図6に，形状パラメータを表1に示す。排水実験タワー（クボタケミックス）に構築された8階規模の伸頂通気方式JIS継手排水システムの5階に供試トラップを設置した。排水負荷には器具排水負荷（浴槽, 大便器などの器具排水）と定流量排水負荷（一

図6　供試トラップの形状[★8]

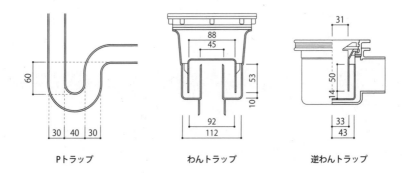

Ｐトラップ　　　　　　わんトラップ　　　　　逆わんトラップ

表1　供試トラップの形状パラメータ[★8]

供試トラップ	封水量[cm³]	封水深[mm]	脚断面積比
Ｐトラップ	150	60	1.00
わんトラップ	550	53	1.41
逆わんトラップ	410	50	1.26

定の排水流量の排水）があるが，排水システムの排水能力試験などでは危険側の定流量排水が一般に用いられている。排水能力試験[9]における許容管内圧力 – 400Pa を目標管内圧力とし，8 階と 7 階から合計 2.9L/s の定流量排水負荷を排水し，排水横枝管内圧力とトラップ流入脚の封水位を測定した。以下では封水位変動を封水変動という。

各供試トラップの排水実験における管内圧力変動とそのパワースペクトルを

図7　Pトラップの管内圧力変動[8]とパワースペクトル

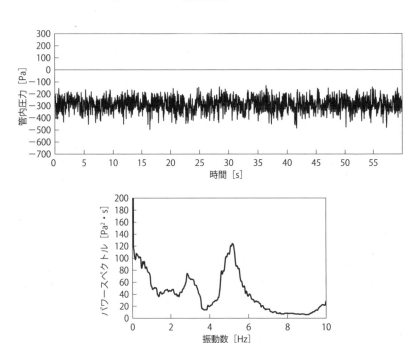

図7～9に，封水変動とそのパワースペクトルを 図10～12に示す。トラップの固有振動数は封水長の平方根に反比例する。封水損失が少なく残留封水深が大きいほど固有振動数は小さくなる。封水位変動の波形は，わんトラップと逆わんトラップでは定常的な不規則振動を示しているが，Ｐトラップでは共振現象が読み取れる。Ｐトラップ，わんトラップ，逆わんトラップのパワースペクトルの卓越振動数（固有振動数）はそれぞれ約1.5Hz，約2.0Hz，約2.0Hz

図8　わんトラップの管内圧力変動[*8]とパワースペクトル

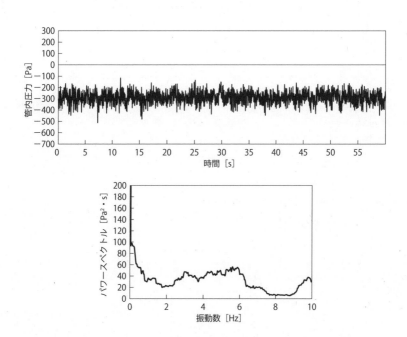

であるが，Ｐトラップの場合はピークがきわめて鋭くなっている。管内圧力変動の波形はいずれも定常的な不規則振動波形を示しているが，パワースペクトルでは約5.4〜5.8Hzに第1卓越振動数が存在している。この卓越振動数が本システム・排水流量の特性値であるが，供試トラップの固有振動数よりかけ離れているので，顕著な共振現象は生じないと判断される。しかし，Ｐトラップ

図9　逆わんトラップの管内圧力変動[★8]とパワースペクトル

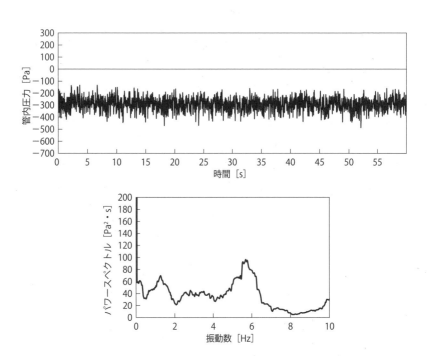

の場合の管内圧力の第2卓越振動数約3.0Hzは固有振動数の倍数であり，多少の共振現象が生じていたと推察される。また，封水変動が管内圧力に影響を及ぼしていることも示唆している。Pトラップは他のトラップより流動抵抗が小さいので減衰係数が小さく，管内圧力に応答しやすい特性を有していると評価される。

図10　Pトラップの封水変動とパワースペクトル

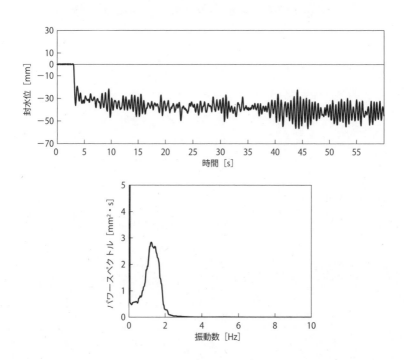

図11　わんトラップの封水変動とパワースペクトル

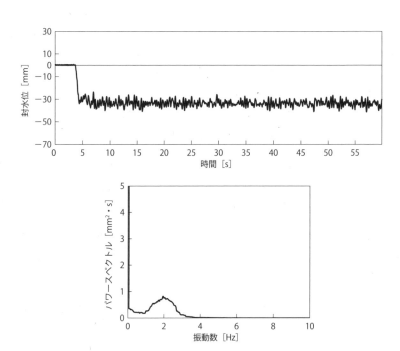

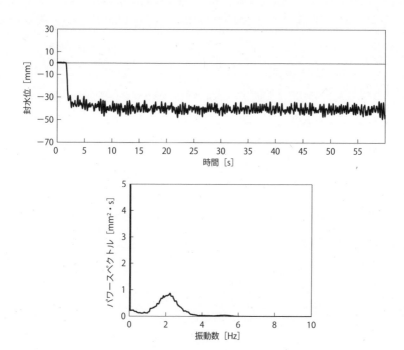

図12　逆わんトラップの封水変動とパワースペクトル

トラップ性能試験法

誘導サイホン作用におけるトラップの性能は耐管内圧力性能（管内圧力に耐え得る性能）になる。振動特性を加味した耐管内圧力性能の評価方法（トラップ性能試験法）を提案した[★10]。

評価基準は，半満水(封水深の半分の水位)を初期状態として管内圧力を作用させて瞬時破封する状況とする。しかし，封水面は波打ちながら上下し，水位計での計測値がディップレベルを下回っていない場合でも瞬時破封が生じることがある。そこで，ディップレベルの上方10mmを下回った場合を水位基準破封と定義し，そのときの管内圧力（基準到達圧力という）を評価指標とする。

トラップ封水の固有振動数の範囲は1.0～2.0Hzの範囲にあることを踏まえ，図13の単正弦波圧力発生装置から構成されるトラップ性能試験装置を用いて0.5～4.0Hzの正弦波を0.1Hz刻みに発生させ，管内圧力と封水位を測定する。各周波数（振動数）の基準到達圧力を求めて図14に示すような圧力特性曲線図を作成する。その最小到達圧力が供試トラップの耐管内圧力性能値とみなすことができる。そのときの振動数を最小圧力振動数という。最小圧力振動数はトラップ封水の固有振動数と同じである。本装置等を用い，半満水状態の両脚の封水面に水位差を設けて自由振動を生じさせ，その封水振動波形から固有振動数を求める。固有振動数はトラップ形状寸法から式（11.8）により算出することもできる[★11]。その固有振動数と最小圧力振動数がほぼ同値であることにより，トラップ性能試験法の精度が確認される。

$$
f = \sqrt{\frac{\left(1 + \dfrac{A_1}{A_2}\right) g}{\left(1 + \dfrac{A_1}{A_2}\right) Hr + \dfrac{A_1}{A_0} L}} \tag{11.8}
$$

図13　トラップ性能試験装置

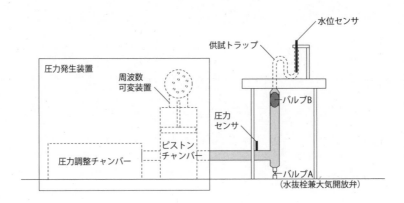

図14　圧力特性曲線図

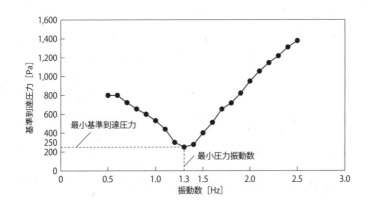

ここで，f：固有振動数［Hz］，A_0：通水路(両脚の接続部)断面積［cm²］，A_1：流入脚断面積［cm²］，A_2：流出脚断面積［cm²］，g：重力加速度［cm/s²］，Hr：残留封水深［cm］，L：両脚中心線の距離［cm］

★1　Vincent T. Manas: National Plumbing Code Handbook, McGraw-Hill Book Company, 1957

★2　F. M. Dawson, A. A. Kalinske: Report on Hydraulics and Pneumatics of the Plumbing Drainage System, 1939

★3　R. S. Wyly, H. N. Eaton: Capacities of Stacks in Sanitary Drainage System for Building, NBS. Monograph 31, 1961

★4　空気調和・衛生工学会規格SHASE-S 206-2009「給排水設備規準・同解説」, 2009

★5　American Standards Association: ASA A40.8-1955, National Plumbing Code
"Minimum Requirements for Plumbing", American Society of Mechanical Engineers, 1955

★6　International Association of Plumbing and Mechanical Officials: Uniform Plumbing Code, 2018

★7　空気調和・衛生工学会規格SHASE-S 220-2017「器具排水特性試験法」, 2017

★8　藤村和也, 坂上恭助, 外山敬之, 栗山華, 光永威彦:トラップ封水損失に対する管内圧力の評価法の検討(第1報)
管内圧力波形が封水に及ぼす影響の解析, 空気調和・衛生工学会論文集, No.206, 2014

★9　空気調和・衛生工学会規格SHASE-S 218-2014「集合住宅の排水立て管システムの排水能力試験法」, 2014

★10　栗山華, 坂上恭助, 柳澤義巳, 鎌田元康, 周藤弘昌:トラップの性能試験法に関する研究(その11)
簡易圧力発生装置を用いた試験法の検討, 空気調和・衛生工学会大会学術講演論文集, 2008

★11　坂上恭助:各種トラップの封水損失特性, 空気調和・衛生工学, Vol.57, No.5, 空気調和・衛生工学会, 1983

12. 封水変動のシミュレーション

自由振動の運動方程式

　誘導サイホン作用におけるトラップ封水変動は，管内圧力の強制力に封水が応答する振動現象である。単体の振動現象は2階の常微分方程式で表される。しかし封水は管内圧力が負圧の場合，封水損失する。封水損失があれば応答体の質量が減ずることになり，非定常な強制振動現象として扱わなければならない。封水振動の基本特性について，自由振動を取り上げて解説する。強制振動については数学モデルを示し，数値解析法の例を概説する。なお，自由振動についてはいくつかの数値解析が行われている[1]。

　静的な管内圧力（負圧）Pがトラップに作用したとき，封水位 y は下位に変動する（図1）。このとき時間 t における y を y_t とし，(t=0) の y を y_0 とする。y_0 において，管内圧力がゼロ（大気圧）の状態であれば，封水は上下に変位し

図1　封水振動モデル　　　　　　　図2　減衰振動モデル

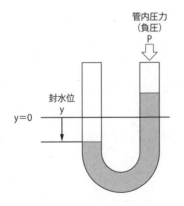

管内圧力
（負圧）
P

封水位
y

y=0

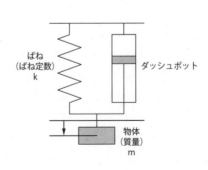

ばね
（ばね定数）
k

ダッシュポット

物体
（質量）
m

ながら変動を繰り返すが，その変動幅（振幅）は徐々に小さくなり，やがて静止する。この振動現象は，質量 m の物体がばね定数 k のばねに吊されて距離 y_0（t=0）の状態から自由振動（減衰振動）する現象と同様である（図2）。この現象に関係する力は慣性力，減衰力（抵抗力）および復元力であり，運動方程式（12.1）が成立する。

$$m \frac{d^2y}{dt^2} + c \frac{dy}{dt} + kgy = 0 \qquad (12.1)$$

ここで，m：質量 [kg]，y：変位 [m]，t：時間 [s]，c：抵抗係数 [N·s/m]，k：ばね定数 [N/m]，g：重力加速度 [m/s^2]

　減衰振動は，一般に，c が大きい「強い減衰（過減衰）（c^2>4mk）」，c が普通の「弱い減衰（c^2<4mk）」，c がきわめて小さい「臨界減衰（c^2 = 4mk）」に分けられる。封水振動は「弱い減衰」に相当する。この減衰振動における式（12.1）の一般解は式（12.2）になる。なお，この運動方程式は初期値問題であり，初期条件を設定すれば解が得られる。

　臨界減衰係数 c_c は式（12.3），減衰比ζは式（12.4）で表され，減衰係数 c は式（12.5）で求められる。「強い減衰」，「弱い減衰」，「臨界減衰」は減衰比ζによっても区分できる。すなわち，「強い減衰（過減衰）」は 1 <ζ，「弱い減衰」は 0 <ζ< 1，「臨界減衰」はζ= 0 である。

　固有角振動数ω$_0$は式（12.6）で表される。固有角振動数ω$_0$と固有周期 T_0 および固有振動数 f_0 の関係は式（12.7）であるので，固有周期は式（12.8），固有振動数は式（12.9）で表される。

$$y = e^{-\alpha t} (A\cos\omega^* t + B\sin\omega^* t) = Ge^{-\alpha t} \cos(\omega^* t - \delta) \qquad (12.2)$$

$$c_c = \sqrt{m \cdot k} \qquad (12.3)$$

$$\zeta = \frac{c}{c_c} \qquad (12.4)$$

$$c = \zeta \cdot c_c \qquad (12.5)$$

$$\omega_0 = \sqrt{k/m} \qquad (12.6)$$

$$\omega_0 = 2\pi f_0 = \frac{2\pi}{T_0} \qquad (12.7)$$

$$T_0 = \frac{2\pi}{\sqrt{k/m}} \qquad (12.8)$$

$$f_0 = \frac{\sqrt{k/m}}{2\pi} \qquad (12.9)$$

ここで, c_c：臨界減衰係数 $[N \cdot s/m]$, $G^2 = A^2 + B^2$, $\alpha = c/2m$, ω^*：角振動数 $[rad/s]$, $= \sqrt{k/m} - c/m$, δ：位相 $[m]$, $\tan\delta = B/A$, ζ：減衰比 $[-]$, ω_0：固有角振動数 $[rad/s]$, T_0：固有周期 $[s]$, f_0：固有振動数 $[Hz]$

封水の自由振動

　流出入脚が同径のトラップを同径トラップという。同径トラップにおいては両脚断面積が同一であるので，変位（基準レベルからの水位）の２倍が水位差になる。この水位差分の封水の重量が復元力になる。したがって，式（12.1）の m は封水量×密度，k は水位差（2y）分の封水量×密度×重力に置き換えられる。脚断面積を A，封水長を L とすると，m, c, k はそれぞれ m = ρAL，c = c，k = 2 ρ Ag となり，式（12.1）は式（12.10）のように置き換えられる。式（12.9）の解は式（12.11）になる。

$$\rho \cdot A \cdot L \frac{d^2y}{dt^2} + c \frac{dy}{dt} + 2\rho \cdot A \cdot gy = 0 \qquad (12.10)$$

$$y = Ge^{-\alpha t} \cos(\omega^* t - \delta) \qquad (12.11)$$

ここで，ρ：密度 [kg/m³]，A：脚断面積 [m²]，L：封水長 [m]，G：初期条件から定まる積分定数，$\alpha = c/2m = c/(2A\rho L)$，$\omega^* = \sqrt{k/m - c/m} = \sqrt{(2\rho Ag - c)/A\rho L}$

　具体的な同径トラップの例として，図３に示すような供試Ｓトラップを取り上げる。その形状パラメータを表１に示す。管径 D は 3cm とする。残留封水深は封水深の 1/2 の 3cm とすると，封水長 L は 13cm，断面積 A は 7.07cm² となる。また，質量 ρ・A・L は 91.9g，ばね定数 2ρ・A・g は 13,900g/s² となる。

　式（12.1）の減衰係数 c は式（12.5）で求められるが，減衰比 ζ は自由振動実験の実測データ（波形）から求めることができる。

図3　供試Ｓトラップ

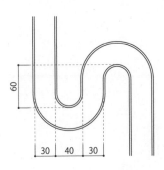

表Ⅰ　供試Ｓトラップの形状パラメータ

トラップ種類	脚断面積比[-]	口径[mm]	脚断面積[mm²]	封水深[mm]	封水長[mm]	封水量[mL]
Ｓトラップ	Ｉ	30	707	60	Ｉ30	368,000

　供試トラップに初期条件（y_0）として初期水位 = 1.5cm を与えたときの自由振動の水位変動の実測波形を図４に示す。この減衰自由振動波形は指数関数的に減衰している。隣り合う振幅の比の対数は一定値となり，隣り合う振幅の比の自然対数を対数減衰率 σ という。図４の波形の複数の振幅Ｆより，対数減衰率 σ は式（12.12）より求められる。振幅F1 〜 F9 は式（12.13）になり，式（12.12）に代入すると，式（12.14）のようになる。

　減衰比 ζ は対数減衰率 σ を用いて式（12.15）になる。式（12.3）より求められる臨界減衰係数 c_c=2,260 を式（12.5）に代入すると，減衰係数 c=50.2 が求められる。

図4　供試Sトラップの自由振動実測波形

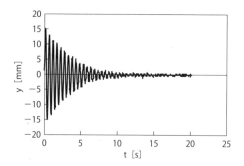

図5　供試Sトラップの自由振動シミュレーション波形

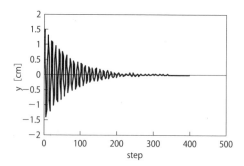

$$\sigma = \frac{\sum (\ln F_n/F_{n+1})}{n} \tag{12.12}$$

$$F_1 \sim F_9 = 15.2,\ 13.0,\ 11.2,\ 10.2,\ 8.6,\ 7.6,\ 6.4,\ 5.8,\ 5.0 \tag{12.13}$$

$$\sigma = \frac{\ln\ (15.2/13 + \cdots + 5.8/5.0)}{8} = \frac{1.11}{8} = 0.139 \tag{12.14}$$

$$\zeta = \sigma/2\pi = 0.0222 \tag{12.15}$$

ここで，σ：対数減衰率 [-]，F_i：振幅 [m]

$\alpha = 0.273$，$\omega^* = 12.3$ を式（12.11）に代入すると式（12.16）が導かれる。

$$y = Ge^{-0.214t} \cos\ (12.3t - \delta) \tag{12.16}$$

初期変位（水位）を 1.5cm として G=1.5，位相 $\delta = 0$ とすると，式（12.16）は式（12.17）のようになる。式（12.17）を用いて描いたトラップ封水の自由振動波形は図5のようになる。これは実測波形の図5とほぼ一致しており，式（12.17）の精度は高いと判断される。

なお，固有振動数 f_0 は式（12.9）より 1.96Hz，固有周期 T_0 は式（12.8）より 0.51s となる。

$$y = 1.5e^{-0.273t} \cos 12.3t \tag{12.17}$$

流出入脚の口径が異なるトラップを異径トラップという。異径トラップの場合は変位（水位）による水位差は変位の2倍にはならない。トラップを流入脚，通水路，流出脚の3部位に単純化し，それぞれの長さをL_0，L_1，L_2，断面積をA_0, A_1, A_2とする（図6）。流入脚に変位（水位）yがあるとき，流入脚の変位（水位）は$-(A_1/A_2)$ yとなるので（図7），水位差は式（12.18）で表される。

$$y = 1 + \frac{A_1}{A_2} y \tag{12.18}$$

　式（12.1）のm, c, kはそれぞれ$m = \rho (A_0 L_0 + A_1 L_1 + A_2 L_1)$, $c = c$, $k = \rho (1 + (A_1/A_2))(A_1 + A_2)/2) g$となり，式（12.1）は式（12.19）のように置き換えられる。なお，式（12.19）において，$A_0 = A_1 = A_2 = A$，$L_0 + L_1 + L_2 = L$とすると，同径トラップ封水変動の式（12.10）となる。式（12.19）の解は式（12.11）と同じであるが，式中のα，ω^*はそれぞれ式（12.20），式（12.21）になる。

$$\rho\left(A_0 \cdot L_0 + \frac{A_1 + A_2}{L_1}\right)\frac{d^2y}{dt^2} + c\frac{dy}{dt} + \rho\left(\left(1 + \frac{A_1}{A_2}\right)\frac{A_1 + A_2}{2}\right)gy = 0 \tag{12.19}$$

$$a = \frac{c}{2m} = \frac{c}{2\rho(A_0 \cdot L_0 + (A_1 + A_2)L_1)} \tag{12.20}$$

$$\omega^* = \sqrt{\frac{\rho((1 + A_1/A_2)(A_1 + A_2)g/2)g - c}{\rho(A_0 \cdot L_0 + (A_1 + A_2)L_1)}} \tag{12.21}$$

図6　異径トラップの形状モデル

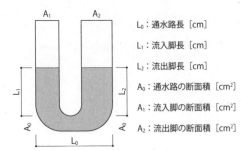

L_0：通水路長 [cm]

L_1：流入脚長 [cm]

L_2：流出脚長 [cm]

A_0：通水路の断面積 [cm²]

A_1：流入脚の断面積 [cm²]

A_2：流出脚の断面積 [cm²]

図7　異径トラップの封水変位

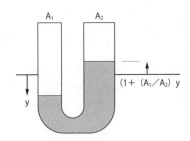

$(1+ (A_1/A_2) y$

ここに，A_1：流入脚断面積[cm^2]，A_1：流出脚断面積[cm^2]，A_0：通水路断面積[cm^2]

　異径トラップ形の例として，$L_0 = 7.0$，$L_1 = L_2 = 3.0$cm，$A_0 = A_1 = 7.01$cm^2（管径3.0cm），$A_2 = 12.6$cm^2（管径4.0cm）とし，減衰傾向は同径トラップと同様であるとすると，式（12.19）は式（12.22）となり，その一般解は式（12.23）になる。

$$109 \frac{d^2y}{dt^2} + 56 \frac{dy}{dt} + 15{,}000y = 0 \qquad\qquad (12.22)$$

$$y = e^{-0.26t} \cos 11.7t \qquad\qquad (12.23)$$

　ここで，管内圧力 P の[Pa]は S 単位系なので，cgs 単位系に変換すると，[Pa] ＝ [N/m] ＝ [kg・m/s^2/m] ＝ [kg/s^2] ＝ [1,000g/s^2] ＝ 10^3 [g/s^2] となる。

封水変動の数値解析法

　誘導サイホン作用（管内圧力 P を強制力とするトラップ封水の強制振動）の数学モデルは，異径トラップの自由振動の数学モデルの式（12.19）に，流出脚内封水面に作用する管内圧力 $A_2 \cdot P$ を加えた式（12.24）で表わされる。

$$\rho (A_0 \cdot L_0 + \frac{A_1 + A_2}{L_1}) \frac{d^2y}{dt^2} + c \frac{dy}{dt} + \rho \left((1 + \frac{A_1}{A_2}) \frac{A_1 + A_2}{2} \right) gy - A_2 \cdot P = 0 \quad (12.24)$$

　封水損失のある封水変動は非定常現象（過渡現象）であり，一般解は得られないので，数値的に解く数値解析法を適用することになる。

数値解析法の例として，プログラミング言語に VBA（Visual Basic for Applications）を用い，解析法にルンゲ・クッタ法を適用した場合のプログラミングのフローチャートを図 8 に示す。ここではトラップのウェアをオーバフローした封水量（封水位）の一定比率として封水損失量（戻り水量）を扱っている。しかしウェアを超えた封水損失量と戻り水量の割合は，トラップの形状と器具排水管の形態によって異なる。さらに管内圧力の瞬時波形によっても異なり，封水損失量(戻り水量)を定型化することができない。このフローチャートのプログラミングによる封水変動のシミュレーションを行ったが，実測値に対して良好な再現精度を得るには至らなかった[★2]。

★1　例えば, 友成弘志, 王耀輝, 鎌田元康, 坂上恭助：トラップ内の封水流動の数値解析（第 1 報）モデルトラップの封水の固有振動数算定法の検討, 空気調和・衛生工学会論文集, No.82, 2001

★2　坂上恭助, 藤村和也, 光永威彦, 守谷輝明：排水トラップ内誘導サイホン作用の CFD 解析　第 1 報　トラップ封水変動の運動方程式と CFD 解析法, 空気調和・衛生工学会大会学術講演論文集, 第 1 巻, 2017

図8　封水変動シミュレーション
プログラムのフローチャート

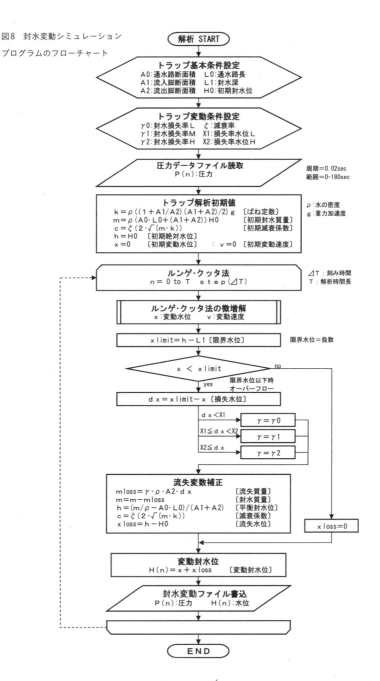

〈V〉

トラップと排水システムの今後は

THE "SILENT HIGHWAY"-MAN.
"Your MONEY or your LIFE!"

13. 封水のない自封トラップ

種類と構造

　トラップは水封式が一般的である。弁体や自閉材料を用いた非水封式のトラップが床排水や空調ドレン用に開発されてはいたが，その気密性は疑わしいものであった。自閉材料としてシリコン製自己閉鎖膜（メンブレン）を用いた気密性の優れたトラップが1997年にイギリスで開発された。これは自封トラップ（self-sealing waste trap）と呼ばれている。イギリスやオーストラリアで認証され[1]，イギリスの給排水設計図書[2]に記載されている。その製品を日本ではクボタケミックスが洗面・手洗器，浴室床排水，浴槽，洗濯機の用途を対象に，2012年に日本建築センター（BCJ）の評定を取得した[3]。さらに丸一が2015年に独自の小型製品のBCJ評定を取得し[4]，空調ドレン用のものも開発している。

　メンブレンの構造は3種類に分類される（図1）。(a) のシリンダー型メンブレン（cylinder-shaped membrane）はイギリスで開発されたもので，円柱状の膜端部を重ね合わせた面で止水する。縦設置と横設置ができる。(b)と(c)はコンパクト形状の日本製である。(b) のコーン型メンブレン（cone-shaped membrane）は縦設置で，円錐状に成形された膜端部の重ね合わせた面で止水する。(c)のアンブレラ型メンブレン(umbrella-shaped membrane)は横設置で，傘状膜の円周部で止水する。膜の一部が開くので流動抵抗が少ない。

　自封トラップは封水がないので蒸発そのものがない。蒸発破封のおそれのあるケースへの採用に有用である。排水ガス遮断機能と機能安全性をさらに徹底すれば，誘導サイホン作用や自己サイホン作用の懸念もなくなり，伸頂通気管以外の通気配管を必要としない排水システムの実現が夢ではなくなる。

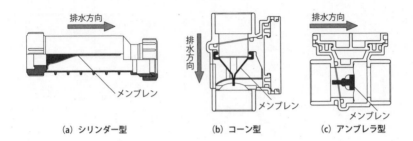

図1　自封トラップの種類・構造[5]

(a) シリンダー型　　　(b) コーン型　　　(c) アンブレラ型

性能と機能

　自封トラップの基本性能と必要機能を次に挙げる。

◎排水管内排水ガス・衛生害虫の移動を阻止する。(トラップ機能)

◎非排水時，排水管内圧力が大気圧または正圧の場合はメンブレンが閉口し，排水管内排水ガスを遮断する。(排水ガス遮断機能)

◎排水時，メンブレンが開口し，排水を排水管に流す。(排水機能)

◎非排水時，排水管内圧力が負圧の場合はメンブレンが開口し，器具側から排水配管内へ吸気し，負圧がほぼゼロになったときにはメンブレンが閉口する。(吸気機能)

　コーン型とアンブレラ型の自封トラップの機能とメンブレンの動きを図2に示す。

図2 自封トラップの機能とメンブレンの動き[5]

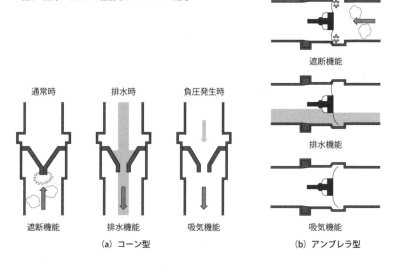

通常時　排水時　負圧発生時

遮断機能　排水機能　吸気機能

（a）コーン型

遮断機能

排水機能

吸気機能

（b）アンブレラ型

★1　日本建築学会：日本建築学会環境基準AIJES-B0003-2016「機械・サイホン排水システム設計ガイドライン」, 丸善出版, 2016

★2　The Institute of Plumbing: Plumbing Engineering Services Design Guide, The Institute of Plumbing, 2002

★3　須賀良平, 坂上恭助, 栗山華：自封式トラップの基本性能・特性に関する評価, 空気調和・衛生工学会大会学術講演論文集, 2008

★4　摺木剛, 坂上恭助, 伊藤嘉浩, 木村裕史：自封トラップの性能評価に関する研究（第2報）洗面器・手洗い器用自封トラップの性能評価試験, 空気調和・衛生工学会大会学術講演論文集, 第1巻, 2016

★5　丸一：カタログ ドレン排水用自封トラップ , 2012

14. トラップ改良の方途

　1775年にカミングが水洗便器にトラップ（Sベンド）を装着して以来，管トラップの他に多種多様の隔壁トラップやメカニカルトラップが開発された。しかしアメリカでは，19世紀末から20世紀初頭にかけて膨大なトラップと排水システムの実験研究を実施し，トラブルの少ない単純形状の管トラップが標準トラップとしてNPCに規定された。日本のHASS・SHASEはNPCの系譜であり，管トラップがやはり標準であった。誘導サイホン作用という複雑な現象も，単純形状の管トラップであったからこそ，その防止法が体系化できたといえる。その一方で，構造規定により，誘導サイホン作用（管内圧力）や自己サイホン作用に抵抗力のあるトラップを改良するチャンスは生まれなかった。今日の材料と技術のレベルは1世紀前とは比べるまでもない。トラップの規定は性能規定であるべきである。今日の材料・技術をもってすれば，誘導サイホン作用，自己サイホン作用，蒸発による封水損失を少なくするトラップが開発できるはずである。

　構造規定から性能規定に変更されれば，性能の優れたトラップはもとより施工性の良いトラップや優美なデザインのトラップも開発されるであろう。例えば日本では蛇腹トラップは封水深が担保できないという理由で禁止されているが[1]，カンボジアできわめて施工性のよい蛇腹トラップを見た（図1）。(a)の直管を10秒で(b)のトラップに成形していた。封水深を固定確保する手立てを講じれば，トラップ性能は確保される。オプショントラップとしては使用できる。オープン配管にした場合，トラップは丸見えになる。ガウディの洗面器トラップのような優美な形状のトラップも期待される。ボトルトラップやわんトラップのような隔壁トラップは全面的に認めてよい。優れた性能のト

ラップが開発される余地がある。わんトラップについては，わんが取り外され
たままになるのはやはり問題がある。わんトラップが再装着できる方法の開発
が望まれる。蒸発破封の防止装置としてトラッププライマーバルブがあるが，
封水位を検知して補水する機能ではない。封水位を検知して補水する装置がで
きれば，蒸発のみならず誘導サイホン作用の防止にも適用できる。自封トラッ
プのような新規の非水封式トラップの開発も望まれる。

図1　蛇腹トラップ

(a)原形

トラップは単体の製品であり，本来は給排水設備設計基準の規定になじまないが，誘導サイホン作用の防止法としての排水・通気配管の設計にかかわる観点から，トラップ性能は規定されるべきである。トラップ性能を明確にし，性能評価法を確立することが喫緊の課題である。それらが用意されれば，給排水設備基準の性能規定化を図ることができると思われる。

(b)成形後

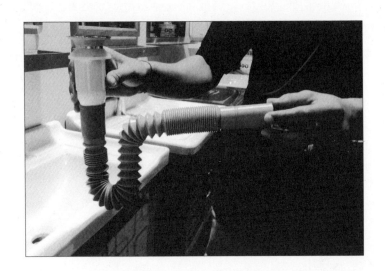

★1　日本建築センター：給排水設備基準・同解説，日本建築センター，2006

15. 排水システムも改良できる──拡張排水システム

　現在主流の排水システムは，2世紀半の経験を経て，重力式排水方式と水封式トラップを主軸に体系化されてきた。この従来排水システムは故障の少ない優れたシステムと言える。しかし排水配管は器具の下位に設置しなければならず，管径は大きく，通気配管も必要とする。この特徴が設計条件となることから，器具の自由設置ができない，配管スペースが大きくなるなど，建築設計上に制約が課せられることになる。増改築やコンバージョンにおけるトイレ，シャワールーム，洗面器の水回り設備の新設・増設，在宅介護におけるベッドサイドトイレなどの要望に従来の排水システムでは対応できない。

　2000年代になって，サイホン雑排水システム，戸建て住宅のサイホン雨水排水システム，圧送排水の移動式水洗便器，自封トラップが次々に登場した。また，非住宅建物のサイホン雨水排水システムや小型圧送排水システムの採用が多くなってきた。さらに真空排水システムも登場した。サイホン雑排水システムは小径で無勾配が可能となり，配管スペースの縮小ができる。サイホン雨水排水システムは排水能力が大きいので，小径や管数減少ができる。小型圧送排水システムと真空排水システムは高所排水ができるので，従来排水システムでは不可能であった器具配置や配管スペースの縮小ができ，設計の自由度が格段に向上する。移動式水洗便器はベッドサイドトイレとして自立排泄支援に寄与できる。自封トラップは無封水なので破封がなく，破封防止のための対策が不必要になる。これらは従来排水システムの範疇になかった排水システム（SHASE等の設計基準類に規定されていない排水システム）であり，拡張排水システムと総称する。拡張排水システムは独立システムではなく，従来排水システムを補完・拡張するシステムと位置づけられる。

拡張排水システムの設計基準として，2016年に日本建築学会環境基準 AIJ ES-B003-2016「機械・サイホン排水システム設計ガイドライン」が刊行された。この基準にもとづいて拡張排水システムの適用実績が蓄積されれば，SHASE 等の設計基準類の規定に反映されるはずである。この基準において拡張排水システム以外の新規のシステムが登場することを期待したい。

あとがき

　　　給排水設備は中央式である。水道からの水を各器具の水栓
　　まで送り,器具からの排水を下水道・浄化槽に放流する。使用者は
　　水栓を操作して水や湯を使うが,あとの排水は勝手に流れる。排水のな
　　いとき,排水配管は排水ガスの室内侵入ルートになるので,なんらかの防
　　臭対策が必要になる。悪臭がとくにきついのは汚水である。屋内便所として
　　登場した水洗便器には,パンに水をため,排水ガスを遮断するバルブが用いら
　れた。しかし,その排水ガス遮断機能は確実ではなく,故障も多かった。1775年,カ
　ミングが水洗便器にSベンドを装着して万全な遮断機能を確保した。このSベンド
　が水封式トラップで,排水がトラップにたまって封水となる。水封式トラップが組
　み込まれた重力式排水は,何もしないで機能するきわめて優れたシステムである。
　　水洗便器にはバルブとトラップが併用されたが,1885年ごろにトラップのみに
　なった。器具には管トラップの他に,さまざまな構造の隔壁トラップ・メカニカルト
　ラップが用いられた。しかしトラブルが多く,メンテナンスフリーの観点から,1929
　年にアメリカでは管トラップに統一された。NPC(1955年)における排水システム
　の設計法は,非住宅建物を対象とし,重力式排水・管トラップ・各個通気を主軸と
　して配管・トラップのわかりやすい構造規定と高度な負荷算定法から構成され
　　ていた。この設計法はそっくり日本のHASS(1967年)に採用された。
　　　本書では,まず,トラップがいつ登場し,なぜ水洗便器に装着されたかに
　　ついて考察するとともに,便器の変遷を技術の視点から概括した。次
　　に,どのようなトラップが開発され,管トラップに収斂されていく
　　かについてのトラップの変遷を,排水システムの変遷と抱き合
　　わせで探った。あわせて給排水設備基準におけるトラッ
　　プ規定の考え方をまとめた。そして各破封現象を
　　解説した。最も重要な誘導サイホン作用に
　　ついて,封水変動の数値解析は
　　博士論文

の題材
であったが, 長らく放ってお
いた。3年前, VBAという簡便なソフトを
知って再度取り組んでみたが, 精度のよい結果に
は至らなかった。解析の道筋は述べておいたので, 追究さ
れる方に期待したい。最後に, 今後のトラップ・排水システム
の改良には給排水設備基準の性能規定化が必須であることを強調した。
この執筆を通し, 先達たちのすさまじい努力のうえで今日のトラッ
プ・排水システムができあがったことに感動した。しかし百花繚乱のごと
くさまざまなトラップが開発された1世紀以上前の技術革新にかける熱意
は構造規定で止んだ。性能規定化を図ったうえで, 今日の技術を総集して, 改め
て優れたトラップ・排水システムをつくりあげることがわれわれの使命と考えている。
この本をまとめようと思ったのは退任2年前の2018年である。思い起こせば
1972年, トラップ封水変動に関する卒論を岡内繁和さん(鹿島建設)といっしょに取
り組んで以来, トラップ・排水システムを中心に給排水設備一筋で研究をしてきた。
指導された篠原隆政先生には建築設備史の基礎を教わり, 貝塚正光先生には封水変
動の数値解析の手ほどきを受けた。以下では, トラップ・排水システムに絞った研究履歴
を振り返ってみる。
修士課程のころ, 集合住宅の高層化の潮流があり, 伸頂通気方式排水システムの
改良と設計法の確立が急務とされていた。日本住宅公団(現UR都市機構)は設計
法, 東京大学の松尾陽先生と塚越信行さんは排水負荷算定法, 小島製作所, クボ
タケミックス, 積水化学工業は特殊排水継手の開発に取り組み, 実験タワー
で排水実験を実施していた。塚越さんには排水実験のイロハを教わった。
東京大学の鎌田元康先生とは公団で排水実験を行うとともに, 東京理
科大学の実験タワーで排水立て管の排水性能に関する排水実験を
行い, JIS原案を策定した。その実験は斎藤研の大塚雅之さん
(関東学院大学)が担当した。また, 公団の超高層実験タ
ワーでは鎌田研の倉渕隆さん(東京理科大学), 鄭
政利さん(国立台湾科技大学)とともに排
水能力・管内圧力特性の排水実
験を行った。

218

研究室
ではトラップの封水損失現
象・性能評価の実験, 東京大学から移設さ
れた実験タワーでは排水特性・誘導サイホン作用
の実験を行った。その撤去後はクボタケミックスの実験
タワーで管内圧力・封水変動特性の実験を行った。塚越さんが
発案されたサイホン雑排水システムはUR都市機構で検討し, 旭化
成ホームズの実験には古賀誉章さん(宇都宮大学)が加わった。研究室
ではディスポーザ排水への適用を進めた。塚越さんは退官後, 私の研究室
でともに研究した。自封トラップは, 2000年に19世紀のトラップ・排水シス
テムの調査でロンドンに滞在したとき, グリッグス(J.C. Griggs)さん(イギリス
建築研究所)に教えてもらい, 帰国後, クボタケミックスと丸一に紹介した。丸一
が独自に開発した自封トラップの性能評価を行った。

　研究成果は空気調和・衛生工学会, 日本建築学会, CIB W062国際シンポジウムで
発表した。委員会活動は両学会, 給排水設備研究会, ベターリビング, 建材試験セン
ター, 日本建築物衛生管理教育センターで行い, 空気調和・衛生工学会では排水能力
試験法のSHASE-S 218と器具排水特性試験法のSHASE-S 220, 日本建築学会では拡
張排水システムのAIJES-B003を策定した。また, 趙鋰さん(中国建築設計院)を介し
て中国の排水設備基準の策定にも参画した。

　多くの団体・企業からの受託で実用的な関連研究を進めることができた。これ
らの研究・委員会活動では多くの方々の支援を受けた。学内外の関係者, 研究室
の院生・ゼミ生に支えられて47年間, トラップ・排水という面白いテーマを
研究し続けてこられた。感謝ばかりである。

　　本書の執筆では岡内さんが作図を引き受けてくださった。出版にあ
たっては, 彰国社の大塚由希子さんから助言を, 編集担当の寺内朋
子さんに綿密なチェックをしていただいた。大塚さんと寺内さ
んに心より深謝する。

　　　2020年2月吉日

　　　　　　　坂上恭助

【著者略歴】

坂上恭助

（さかうえ きょうすけ）

1949年 岡山県に生まれる。

1980年 明治大学大学院博士課程修了。

1996年 明治大学理工学部建築学科教授、現在に至る。

工学博士。専門は水環境、建築設備、

給排水設備。

【著書（共著）】

『建築設備学教科書』

『基礎からわかる給排水設備』

（いずれも彰国社）

トラップ　排水システムの歴史と役割

2020 年 3 月 10 日　第 1 版 発　行

著作権者との協定により検印省略

著　者	坂　　上　　恭　　助
発行者	下　　出　　雅　　德
発行所	株式会社 彰　国　社

NSPA

自然科学書協会会員
工学書協会会員

Printed in Japan

©坂上恭助　2020年

ISBN 978-4-395-32148-3 C3052

162-0067 東京都新宿区富久町8-21
電話　03-3359-3231 （大代表）
振替口座　00160-2-173401

印刷：真興社　製本：ブロケード

http://www.shokokusha.co.jp